novum

AF203976

KARIN GREVE

Begegnungen
(Lyrik)

novum ⬤ pro

Dieses Buch ist auch als e-book erhältlich.

www.novumverlag.com

Bibliografische Information der Deutschen Nationalbibliothek:

Die Deutsche Nationalbibliothek verzeichnet diese Publikation in der Deutschen Nationalbibliografie. Detaillierte bibliografische Daten sind im Internet über http://www.d-nb.de abrufbar.

© 2021 novum Verlag

ISBN 978-3-99107-222-5
Lektorat: Susanne Schilp
Umschlagfoto:
Julian Peters | Dreamstime.com
Umschlaggestaltung, Layout & Satz:
novum Verlag

Gedruckt in der Europäischen Union auf umweltfreundlichem, chlor- und säurefrei gebleichtem Papier.

www.novumverlag.com

Inhaltsverzeichnis

JAHRESZEITLICHE REFEXIONEN

VON DER LIEBE

REISEN

BEGEGNUNGEN

Im Bann der Nähe

Ein zarter Hauch um sie herum,
eine zarte Bande
von doch solcher Gewissheit.
Selbstvergessen toben sie über die Wiese,
werfen sich auf den Rasen,
laufen lachend hintereinander her.
Vergessen, die neugierigen
und schon sehnsüchtigen Blicke,
als einer den anderen beim Spiel beobachtete,
an dem er noch nicht teilhaben konnte.
Ein erstes zartes Gefühl,
ein Gefühl von
ich mache alles am liebsten mit Dir.
Noch wissen sie nicht um die Gewalt
von starken Gefühlen.
Auf dass diese Zartheit noch lange bewahrt bleibt.

Zwiegespräch

Gespräch mit Dir.
Kein eindringlicher Blick,
keine vertraulichen Worte,
keine Anzeichen von Nähe.
Ständig ein Warten auf all das.
Doch die Distanz bleibt.
Irgendwann ein Auseinandergehen.
Und doch muss es etwas gegeben haben,
was mich in Gedanken
noch bei Dir bleiben lässt.
Aber da war nichts.
Und doch ertappe ich mich wieder dabei,
wie ich Dir in der Menge hinterhersehe
und nicht weiß, warum.

Offenheit

Du stehst da und lächelst.
Ein Lächeln aus leuchtenden Augen,
mit einer Wirkung wie Sonnenstrahlen,
Sonnenstrahlen,
die tief ins Herz dringen und wärmen.
Ein Lächeln
wie eine Umarmung für die Seele.
Ist es Gott,
der aus Deinen Augen
einen Moment nur
zu mir herübersieht?
Du kannst nicht erfüllen,
was dies Lächeln verspricht,
und wehe dem,
der dies erwartet,
und Dich damit vielleicht
ein Stück unglücklich macht,
weil seine Illusionen
nichts mit Dir zu tun haben.
Du hast schon viel gegeben!

Kleine Widmung

Du hattest ein Stück verloren,
als Er zur Tür hereintrat,
für einen Moment Erregung.
Hier sehe ich ihn also wieder,
im Theater,
hätte nicht geglaubt,
ihn nochmal wiederzusehen.
Das Leben ist ein Spiel –
nach diesem Song tanztest Du fast neben mir,
als ich Dir das letzte Mal begegnete,
auf diesem Fest,
als ich vergaß,
welche Achtung ich einst vor Dir hatte
und danach wünschte,
Dich nie wieder zu sehen.
Es war nur eine kurze Zeit der Verwirrung
vor ein paar Jahren.
Oh schöner Mann,
wer geriet nicht in Deinen Bann?!
Ich spüre ihn nicht mehr wie früher,
auch wenn er fast neben uns sitzt.
Und doch, seine Stimme so vertraut.
Geteilte Aufmerksamkeit.
Dir wollte ich sie diesen Abend schenken.
Du grüßt ihn,
ihr kennt euch.
Elite, Du und er.
Er und eine bestimmte Art von Lebensgefühl?
Werde ich ihn wiedertreffen, irgendwann?
Und wenn,
werde ich wieder voll
Vertrauen in die Welt erfüllt sein,
weil es Menschen wie ihn gibt?

War es immer so?

Ich bin verliebt.
Lachend gebe ich mich fremdartiger Musik hin.
Ihre Klänge sind berauschend.
Mein Schwarm ist in der Nähe,
fast berühren wir uns.
Der Abend ist herrlich!
Ein Mann spricht mich an.
Meine strahlenden Augen gefallen ihm,
meine Art zu lachen, so sagt er.
Warum kommt dieser Mann?
Warum lasse ich mich darauf ein,
Zeit mit ihm zu verbringen?
Zeit, die ich doch dem schenken wollte,
dessen Gegenwart mich so verzaubert hat.
Wer gibt mir nun die Stunden zurück,
wer löscht die Sehnsucht
nach Zeit mit diesem Mann,
die ich nie mehr haben werde?
Warum fällt es mir so schwer zu begreifen,
dass wir nicht unendlich viel Zeit
für alles haben?
Niemand wird mir die Zeit zurückgeben können,
die ich verpasst habe,
mit ihm zu teilen.

Augen

Es gibt Augen
so wunderschön,
klar, weise,
herrlich!
und Augen mit Blicken,
die tiefer dringen.
Ich könnte sie nicht beschreiben
diese Augen,
mit schön oder klug,
nur dass ihre Blicke mich erreichen.

„Wahrhaftig lebendig"

Ich glaubte, ich wäre wahrhaftig lebendig.
Was ist es wieder,
was mich starr und leblos werden lässt?
Ist es euer Gerede,
was mit meiner Wirklichkeit so wenig zu tun hat?
Ist es eure Nüchternheit,
die meine Begeisterung verstummen lässt?
Ist es eure Kontrolliertheit,
die mir meine „Ausbrüche"
als dumm erscheinen lässt?
Ihr wirkt zufrieden, offen.
In Selbstzweifel geraten,
kann ich nicht mit euch sein.
Was muss geschehen,
dass ich mit euch zusammen
Freude haben kann?
Wieder „leblos" geworden,
flüchte ich in den Bann von Menschen,
die wie sind?
Was dichte ich ihnen an?
Leben, Weisheit?
Ging es auch dir so, mein Freund,
als du dich in mich verliebtest?
Warum in mich?
Du wirktest starr,
meintest, ich wäre so lebendig.
Wie man sich täuschen kann...

Ein Stück Leben

Sie steigt aus dem Flugzeug.
Sonne legt sich ihr aufs Antlitz,
streichelt das sonnige Gemüt.
Berührt und blinzelnd schreitet sie.
Und Dank erfüllt sie,
Dank für die Luft, für die Farben,
Dank für die Welt.

Vertraute Blicke

Es gibt Zeiten,
Tage voll mit Dingen,
die passieren,
Erlebnisse und Begegnungen,
die scheinbar berühren.
Doch manchmal, Momente,
da seh' ich in zwei Augen,
und die Zeit scheint stehenzubleiben.
Vergessen die Frage: Was ist wichtig?,
und für Momente weiß ich den Weg.
Wie vielen Augenpaaren
begegne ich täglich und immer wieder?
Ich sehe in diese, Deine Augen
und alles um mich wird zur Kulisse.
Blicke und Stimmen von denen,
die ich Freunde nenne –
Kulisse? Fremd?
Hat mich je etwas von ihnen berührt
wie dieser Blick?
Wer bist Du,
dass Du allein vertraut erscheinst?
Eine Illusion!?
Ihr nachjagen und glauben,
was hinter diesem Blick steckt,
könnte mich verstehen?

Oh Leben!
Ich darf ihn nicht zu nah heranlassen,
Deinen Blick.
Bedürfnisse würden vielleicht hervorbrechen
und irgendwann Trauer erzeugen,
weil Du sie nicht erfüllen kannst.
Mit Trauer lässt es sich schlecht leben.
Zu viele Gedanken
um Deinen Blick.
Heute stimmt er mich froh
und gibt mir für Momente den Glauben,
dass es noch anderes gibt,
als womit jetzt meine Tage gefüllt sind.
Es gibt aber auch noch anderes
als vertraute Blicke von fremden Menschen.

Unfair

Oh pfui!
Ich heuchle Dir
meine Freundschaft
und denke doch nur ständig,
wie ich Dir
für immer entkommen kann.
Sicher, ich kann gehen.
Aber Du bist hier der Einzige,
zu dem ich kommen kann,
der immer Zeit für mich hat.
Um so viele Dinge
habe ich Dich schon gebeten,
und hast Du mir je etwas abgeschlagen?
Und doch erzeugt all das
ein Bedrücktsein in mir,
und ich muss bald gehen.

Ein Stück Bewusstsein

Was Du mir wirklich bedeutest,
vielleicht werd' ich es nie wissen.
Du bist ein Stück von meinem Leben,
gehörst einfach irgendwie in meine Biographie,
unwiderruflich.
Ich habe Sehnsucht nach Dir,
nach diesen Bildern, in denen Du auch vorkommst,
und Du kommst oft vor.
Du bist ein Teil meines Bewusstseins.
Ich liebe diese rosaroten Bilder.
Ich liebe Dich –
wie könnte ich es anders nennen?!
Diese Sehnsucht nach diesen Bildern,
nach einer Art Paradies,
das es nie gab.
Sehnsucht nach verlorenem Leben,
das unaufhaltsam weiter drängt und rinnt
und so wenig fassbar ist?!

Es war nur ein Bild

Es war nur ein Bild,
eine Illusion von Dir.
Noch habe ich sie nicht ganz aufgegeben,
denke an Dich,
wenn ich mich nach Wärme sehne.
Aber die letzten Male,
als ich Dich fast berühren konnte,
hatte ich Dich anders wahrgenommen.
Und nichts war da,
warum ich mich Dir hätte näher fühlen sollen,
als den anderen.
Nein, nichts Anziehendes,
Behagliches in Deiner Nähe.
Dein Bild,
eine Illusion,
und doch denke ich heute an Dich,
wenn ich mich nach Wärme sehne.

Begegnung

Ein Sonnenstrahl traf mich
für Momente mitten ins Herz,
und ich spüre,
wie jung es ist,
wie jung ich noch bin.
Freude, helle Farben.
Ja,
die Farben,
die ich gerade noch sah,
waren sie nicht dunkler?
Wem kann ich danken
für die Begegnung mit Dir?
So lange schon her,
dass ich jemandem wie Dir begegnete.
Solche Begegnungen sind die kürzesten
und dabei doch so lang,
so unendlich lang …
Für die Ewigkeit?
Was sind Worte?
Es gibt Bilder, Musik –
vielleicht helfen sie mir mehr,
die Welt zu verstehen?
Und Deine Augen?
Sie haben bewirkt,
was Worte nicht schaffen würden.
Wie schwach sind doch Worte.

Vor der Begegnung mit Dir
sah ich in Dein Haus.
Wie vertraut war mir dieser Stil,
mein Traum vom Haus.
Und ich war neugierig auf den Menschen,
dem es gehört.
Es berührte mich.
Wann sah ich ein Haus wie dieses?
Es war Dein Haus!
Wer bist Du?

Sicher werde ich Dich nicht wiedersehen.
Sind solche Begegnungen für weltliche Tage?

Zigeuner

Du redest … und redest,
nicht besonders sinnig,
redest wie mit einem,
der noch nicht viel weiß von der Welt.
Wie recht Du hast.
Jedem die Dinge, die er verdient,
denkst Du Dir.
Ich höre Dir zu
und habe nicht mal viel verstanden
von Deinen Worten.

Ab und zu äugst Du ein wenig misstrauisch:
Wer bist Du,
dass Du zu mir kommst?

So viel wie Du gesehen hast,
werde ich wohl nicht zu sehen bekommen,
wenn ich weiter feige und ängstlich bin.
Lass mich in Deine Augen sehen,
lass mich in Deinem Blick ertrinken,
Zigeuner,
für ein paar Momente der Ewigkeit.
Können Blicke heilen?
Sind Deine Blicke die Medizin,
die von Feigheit und Angst heilen kann?
Wie ich ihn vermissen werde,
Deinen Blick!

Aussteiger

Unterwegs,
immer auf der Suche,
streunend.
Auf der Suche
nach was er nicht kennt?
Eine bestimmte Art geliebt zu werden,
die er nicht kennt?
Streunend,
wandelnd,
nicht in dieser Welt,
noch in einer anderen;
sehnsuchtsvoll den Mond anblickend,
nirgendwo zu Hause,
die Pflanzen nach Orientierung fragend.
Wenn er wissen würde,
nach was er suchen soll?!

Nur ein Traum

In meinem Traum konnten wir beide fliegen.
Du und ich,
wir flogen zusammen.
Vorbei an Masten,
unter uns Baumkronen und Täler.
Und so viel Klarheit war da.
Was für ein schöner Traum.
Oh, Du, meine A.
Ich bin verirrt in −,
Du irrst scheinbar immer mehr aus
aller Lebensmystik,
rein in ein Konstrukt.
Das ist nicht die A., die ich meinte.
Immer weniger werden wir zueinander finden.
So gerne hätte ich Dich Freundin genannt.
Aber Du hast Freunde.
Wie ich sie beneidet habe
um die Zeit,
die sie mit Dir teilen konnten,
lachen konnten.
Und ich fühlte immer so eine Verbundenheit,
die wenigen Male,
die ich Dir begegnet bin.
Was für ein schöner Traum.
Du hast es nicht geträumt?

Und sie spielt mit den Jungen Murmeln

Sie ist klein, noch sehr jung.
Und sie spielt am liebsten mit Jungen,
weil man mit denen auf Bäume klettern,
umherstreifen
und Streiche machen kann
und die dummen Mädchen ärgern,
die in ihren kleinen Wagen
ihre Puppen und Plüschtiere
umherfahren.
Lange her!
Kleine Mädchen werden zu jungen Frauen,
verlieben sich in Männer
und bekommen Kinder.
Reife Frauen,
die sie früher
mit den kleinen Jungen geärgert hatte.
Und sie?
Sie klettert schon lange nicht mehr auf Bäume.
Aber sind es andere als Kinderspiele,
die sie auch heute noch spielt?
Männerfreundschaften,
so frei von Sex, reifer Lust,
frei von Emotionalität.
Und sie spielt mit den Jungen Murmeln,
wie früher...
(Sie weiß es nur nicht!)

Deine Leichtigkeit

Deine Leichtigkeit lässt Vögel fliegen,
Blumen blühen.
Klarheit, die den Blick öffnet,
Helligkeit,
die alles Dunkle vergessen lässt.
Woher nimmst Du diese Leichtigkeit?
Lebendigkeit?
Als würdest Du wegspringen
Wie schwerfällig ich bin,
wie erstarrt.
Ich verstehe Dich nicht.
Du bist die Bewegung, Regung,
Leben,
Kommen und Vergehen.
Ich bin Festhalten, Verharren.
Edel und zart, lebendig,
leicht, nicht mit Hast,
springst Du durch diese Welt,
und ich kann Dir nicht folgen.

Schwermut und Leichtigkeit

Du springst um mich,
wie ein junges Reh,
äugst hier, äugst dort,
schnupperst hier,
schnupperst dort.
Du bist Bewegung und Leben.
Ich möchte Dich festhalten.
Doch Du springst weiter,
und ich kann Dir nicht folgen!

Und sprechen auch Deine Augen
von viel Erlebtem,
so viel Intensität darin.
Und war vielleicht nicht alles gut.
So lastet doch nichts schwer auf Dir.
Eine Lebendigkeit in Dir,
für die nichts dunkel genug war.

Liebe im Raum

Warum erreicht mich Deine Liebe erst,
wenn es für uns zu spät ist,
wenn sie für Dich etwas Abgeschlossenes ist?
Ich wollte Deine Liebe nicht,
wusste nicht,
was ich entbehre.
Wie wertvoll ist doch diese Liebe.
Nun kann ich sie spüren.
Wie ein kraftvolles, leuchtendes Bleibendes
steht sie im Raum,
sichtbar,
aber nicht greifbar für mich.

Verlust

Schon als ich Dir das erste Mal begegnete,
spürte ich diese Anziehung.
Du warst gegenwärtiger
als alles um mich.
Damit konnte ich nicht umgehen.
Nur distanzieren, so dachte ich,
versuchte mich gegen diese Macht zu wehren,
bekundete Desinteresse,
schikanierte Dich.
Doch konnte ich Dir nie ganz aus dem Weg gehen.
Und die Zeit brachte uns einander näher,
so sanft und ganz gewiss.

Es schien,
wir waren uns so einig.
Wenn unsere Blicke sich trafen,
war da so eine Klarheit, Geborgenheit.
Nichts konnte uns dann erschüttern,
nichts zwischen uns treten,
wenn ich Dich nur spüren konnte.
Wir mussten uns nicht ansehen,
ein unsichtbares glühendes Band zwischen uns,
sobald der eine
in der Nähe des anderen war.
Nie habe ich Dir gesagt,
wie wichtig Du für mich bist,
wie tief Du mich berührst.
Ab und zu schmerzte es.
Ich habe gedacht,
Du spürst mich,
wie ich Dich,
und wir müssen uns nichts erklären.

Und …
niemand kommt Dir je so nah wie ich,
nicht im Moment,
nicht in dieser Zeit,
keiner von den Menschen in Deiner Nähe.
Ich war mir so sicher.

Und als ich es am wenigsten ahnte,
war da ein Mädchen,
das Dich seltsam berührte,
blass, nicht aufregend, so fand ich.
Wir saßen zu dritt,
und ich konnte Dich nicht mehr fühlen,
sah, wie Eure Augen sich begegneten.
Und schmerzhaft wurde mir bewusst,
wie es nun zwischen Euch glühte,
ein unsichtbares Band.

War sie nicht in Deiner Nähe,
konnte ich Dich fühlen wie eh,
und Du warst anziehender,
strahlender denn je.
Nun konnte ich Dir auch sagen,
was ich für Dich empfand.
Abgefallen waren all meine Hemmungen.
Hätte ich Dir eher sagen sollen,
was meine Augen schon Deinen erzählten?
War es darum zu spät für mich?
Sie sagte Dir, was sie für Dich fühlte,
nicht lange, nachdem sie es wusste.
Habe ich vielleicht einfach nur zu lange gewartet?

Es war nicht Dein Blick

Bestimmt,
es waren nicht Deine Augen.
Mein Körper wollte zu Deinem,
immerfort.
Eine gewisse Rhythmik
in Deinen Bewegungen?
Sicher nichts Außergewöhnliches.
Unsere Körper schienen sich zu unterhalten.
Oder reagierte der meine nur auf Deinen?
Welches Leben wohnt in Deinem Körper?
Wenn ich Dich ansah,
warst Du mir fremd,
schwand die Lust,
die Dein Körper weckte.
Nicht Dein Blick zog mich in Deine Nähe.

Warum war ich nicht ehrlich?

Die letzte Begegnung mit Dir –
wie voll Erwarten, ich.
So viele Varianten hatte ich mir ausgemalt.
Und in allen war ich Dir näher,
als wie es kam,
nah in meinem Sinne.
Dennoch war es eindringlich.
Du, mir gegenüber,
mit einem Blick,
der das Verlangen weckte,
Dir immer wieder zuhören zu wollen,
immer wieder bei Dir zu sein.
Vorbei!
Und ich hab Dir nicht gesagt,
dass Du wichtig für mich warst.
Dabei hätte ich doch nur ehrlich
auf Deine Fragen zu antworten brauchen.
Bin ich darum jetzt so traurig?
Wie gerne würde ich Dir noch sagen,
wie sehr Du mich berührt hast.
Ich möchte Dich anrufen.
Gleich!
Du gabst mir doch Deine Nummer.
Ich tu' s nicht.
In einer Woche vielleicht
ist diese letzte Begegnung vergessen.
Und nie wirst Du wissen,
wie oft Du bei mir in Gedanken warst.
Ich will noch nicht fertig mit Dir sein!

Ode an einen faszinierenden Mann

An was glaubst Du,
kluger Mann?
Wen liebst Du,
dass Du für alles
Zärtlichkeit zu empfinden scheinst?
Wie mir die Dinge überlegenswert werden,
wenn Du über sie redest.
Wie klug Du bist.
Er hält mich nicht in seinen Armen,
ist nicht ganz nah bei mir.
Eine liebevolle Geste;
er sagt ein paar liebe Worte.
Doch meint er mich?
Ich fühle so eine Geborgenheit,
allein weil ich weiß,
dass es ihn gibt,
im Moment noch,
ganz in meiner Nähe.
Wäre es denn so viel anders,
wenn ich mein Gesicht
an seinen Hals drücken könnte?
Du machst mich froh,
und auch ich
kann ein bisschen zärtlicher sein.

Vertraulichkeit und Ambivalenz

So unerwartet
Deine Vertraulichkeit,
fast erschreckend.
Schenkt für Momente Wärme.
Wohl dem,
der damit umgehen kann,
nicht gleich Hochgefühle bekommt,
weil ihm Vertraulichkeit nicht fremd,
wie mir.
Wohl dem,
denn vielleicht
wirst Du weiter vertraulich zu ihm sein.
Schroff und abweisend
führst Du die anderen von Dir weg,
haben sie die Distanz gebrochen,
die Du doch zuerst übersehen hast,
als Du einen Schritt zu nah
an sie herangetreten bist.
Erinnere Dich!
Hast Du es bemerkt?!
Was ist der Sinn in diesem Spiel?
Und ist es fair?
Wärme … Kälte.
Zu schroff!
Und die Neugierde wächst nur noch
nach dem Menschen
mit so viel Ambivalenz,
und die Sehnsucht nach Nähe zu ihm.

Spiegel

Sicher,
ich begehre Dich schon länger,
aber es war irgendwann ein Tag,
als ich zu Deinem Spiegel wurde.
Es war dies ein Tag,
als Du mir ganz besonders fremd warst
und ich mich fragte,
was mich noch vor kurzem
so zu Dir hingezogen hatte.
Und doch muss es dieser Tag gewesen sein,
als Du mir gegenwärtiger wurdest.
Dann kam es,
dass ich in so vielem
Dich erblickte,
Dich zu fühlen glaubte,
wenn ich einen anderen Menschen berührte.
Du, so gegenwärtig,
wie nie vorher.
Nun ist Deine Laune
auch meine Laune.
Einem Lächeln von Dir
folgt das gleiche Lächeln von mir.

Traum vom Kuss

Du redest
und ich versuche,
Deinen Gedanken zu folgen.
Dabei verliert sich mein Blick
in Deinen Augen,
auf Deinem Mund.
Ich schaue auf Deinen Mund,
folge seinen Bewegungen.
Es ist nicht ein Mund,
wie er mir vertraut
vom Küssen.
So einen Mund hatte ich nie geküsst.
Und ich hatte viel geküsst,
so viele Münder, so viele Male.
Aber wie viele Ewigkeiten ist das her?
Und ein Mund wie Deiner war nicht dabei.
Ich habe Deinen Mund gesehen
und mich gefragt,
ob ich ihn küssen möchte
und –
wie Du wohl damit küsst.

Ich glaube,
er hat mich nicht besonders beeindruckt,
Dein Mund.
Und dabei denke ich
nur, nur ein Kuss von Dir.
Einmal nur Deinen Mund
an meinem spüren,
Deinen warmen Atem
an meinem Gesicht.
Und –
nur für einen Moment.
Muss ich gehen,
ohne den Hunger
nach Deinem Mund gestillt zu haben?
Eher wahrscheinlich!

Wer war es?

Du stehst so nah vor mir
und bist dabei so weit weg,
so unerreichbar weit.
Was macht Dich heute so zugänglich?
Wer war es?
Alles macht mich
eifersüchtig und traurig.
Dabei bist Du so vertraulich
heute zu mir
und zu all den anderen
natürlich auch,
ganz unverbindlich.

Faszinierende Gedanken

Ich laufe Dir nach,
bin fasziniert von Deinen Gedanken
in der Ferne.
Was für Gedanken!
Ich will mehr davon.
Aber wenn Du so nah vor mir stehst,
kann ich nicht anders,
als Deinem Blick,
den Bewegungen Deines Mundes,
Deinem Gesicht zu folgen,
bis ich mich darin verliere
und Deine Worte
mich nicht mehr erreichen!

Wer sind sie?

Ab und zu treffen wir Menschen.
Sie sind uns aufgefallen,
doch sie berühren uns nicht.
Sie bemühen sich um uns,
und wir wissen nicht warum,
wiegen uns in ihrer Aufmerksamkeit,
unaufmerksam,
bis sie gehen,
mit einem Achselzucken.
Wir sehen ihnen nach
und wissen nicht warum.
Wir haben nichts von ihnen begriffen.
Um sie ist Helligkeit und Leben,
wenn sie gehen,
aber eben erst dann.

Warum ihn?

Was treibt mich,
dass ich ihn will und nicht Dich?
Er, ein Mann wie Du.
Warum begehre ich ihn
und nicht Dich?
Ich sehe ihn lächeln,
ich höre ihn reden.
Was weiß ich von ihm?
Was weiß ich von ihm mehr
als von einem Schauspieler,
der mich in ein paar Filmen begeistert hat?
Von Dir weiß ich,
dass Du mich begehrst,
ein Mann!
Was muss ich mehr wissen?!

Nicht mehr zurück

Ja, sie waren schön,
die Dinge, die ich fand,
als ich in Dich verliebt war.
Ich weiß noch,
der Tag,
als die dunklen Wolken zogen,
viel zu tief und viel zu schnell
dort im Wald an der Küste,
bevor der Regen kam.
Und wie es da lebte
das dunkle Wasser;
fast leidend schlugen die schweren Wellen.

Ja, sie waren schön
die Gedanken, die ich hatte,
als ich glaubte,
Dich nie mehr vergessen zu können
und es dann doch tat,
noch ehe die Wolken
wieder so tief und schnell zogen
über jenem Wald dort an der Küste.

(Und weißt Du,
ich möchte schon lange nicht mehr zurück.)

Ein Blick – er reicht lange nicht für Dich

Hättest Du nur von weitem
zu mir herübergesehen,
ich hätte Dich vielleicht nicht bemerkt.

Aber welche Faszination,
wenn Du anfängst zu reden.
Ich möchte mehr von Deinen Gedanken,
möchte Dir zuhören,
bis ich benommen werde,
berauscht von Deinen Worten.
Aber was könnte ich Dir sein?
Alles Wissen, alles Leben in mir,
würde es reichen für Dich?

Ich möchte Dich berühren,
Du hast einen ansprechenden Körper,
gefährlich, ihm zu nahe zu kommen.
Er erzählt von Sinnlichkeit und Lust.
Doch würde ich ihm reichen?

Gedanken quälen mich:
Will man Dir näherkommen,
muss man Dir
schon mehr zu bieten haben als ich,
heute.
Vielleicht später?

Vorerst muss ich mich damit begnügen,
Deinen Gedanken
im Kreise der vielen zu folgen,
wo sie ja auch vielleicht am schönsten sind
und Deinen Körper
ab und zu nur,
etwa im Vorbeigehn
einen Hauch zu spüren.
Schwer, Distanz zu wahren
zu einer Faszination wie Dir.

Werde ich jemals an das Bild heranreichen,
das ich mir von Dir gemacht habe?
Könnte ich je ein gleichwertiger Partner
für einen Mann wie Dich sein?
Und ich möchte einen Mann wie Dich!
Irgendwann.

Spiegel

Nur einmal,
einmal von vielen Malen,
als ich in Deine Augen sah,
ließ mich etwas erstaunen.
Und wie in einem Rausch
wandelte ich die folgende Stunde.
Es war,
als sähe ich in einen Spiegel.
Und ich sah das Kind
mit den offenen Indianeraugen,
das ich einmal war.

Abschied

Ich werde gehen,
und Ihr sollt traurig sein.
Zufrieden erst,
wenn ich
auch dem Unbeteiligsten von Euch
eine Träne abgerungen habe?
Und Ihr sollt noch lange
an mich denken,
wenn ich meine Gedanken
schon längst an andere verschenkt habe.

Kommt lasst uns feiern;
ein letztes Mal will ich Euch drücken.
Und soll endlich
Eure Herzen erreichen,
was Ihr lange schon ersehnt.
Bald,
noch längst
bevor ich anderes im Sinn habe als Euch.

Und vergesst,
was nicht wert,
im Herzen zu bleiben.
Was Euch nicht wirklich berührt hat,
hat auch nicht das Recht,
bleiben zu dürfen.

Nachdenken über Deine Sinnlichkeit

Etwas unerhört Sinnliches,
etwas unerhört Sanftes
ist immer mit Dir.
Sind es die Frauen,
die Dir einst nah gekommen sind?
Ist es die Gegenwart einer Frau,
die ich fühlen kann durch Dich?

Ich will nicht wirklich gehen

Hätte ich Dich wirklich
so gerne gemocht,
wie Du glauben sollst,
wäre ich dann gegangen?
Glaub mir,
hätte ich vorher gewusst,
wie unendlich gerne ich Dich hab,
wäre ich vielleicht nicht gegangen.
Aber ich hab es nicht eher gewusst,
als bis der Abschied
uns so endgültig getrennt hat.
Und ich will nicht glauben,
dass du nicht weißt,
was ich für Dich empfinde.
Und wenn Du es nicht mal wissen wolltest;
bleibt man nicht bei den Menschen,
die man so mag,
wie ich Dich?
Bleibt man nicht bei den Menschen,
die man liebt?
Liebe ich Dich denn?
Oder werde ich auch Dich
irgendwann vergessen haben?

Macht der Worte

Deine Worte
haben eine geheimnisvolle Macht.
Ohne Dich auch nur anzusehen,
würde ich ihnen vielleicht folgen
wohin Du möchtest.
Worte, die verlegen machen.
Worte wie eine zärtliche Berührung,
auch fordernd manchmal.
Oder ist es vielmehr
die Tonlage in Deiner Stimme
in gewissen Momenten?
Was für ein Meister der Verführung.
Manchmal sprichst Du mit anderer Stimme,
unbeteiligter, roher,
und Deine Worte wirken banaler.
Du wirkst fremd,
löst vielleicht
noch ein paar aggressive Gefühle aus.
Du bist ein Künstler der Worte.
Es scheint,
sie können Medizin für vieles sein.
Vielleicht auch für gebrochene Herzen?

An einen Geist

Du warst im Traum bei mir
und hast von mir gesehen,
was ich nur noch selten erahnt habe.
Danach wusste ich,
Du würdest nicht mehr kommen.
Einmal sah ich Dich noch,
Du warst wie ein Geist.

Wichtig und Nicht wichtig

Du hast Dein Gesicht verloren
für mich.
Es ist,
als warst Du mir immer schon fremd,
einer von jenen,
denen ich nie begegne.
Und ich weiß nicht, wie es kam,
dass ich an Dir vorbeigehe,
als hätte ich Dich nie gekannt.

Er hat ein Gesicht bekommen
für mich,
immer mehr.
Sein Bild gehört in mein Leben.
Und auch, wenn ich andere Begegnungen haben werde,
wenn ich ihn irgendwann nicht mehr auf der Straße
erkennen werde,
so wird er doch immer in mir bleiben.

Eine Form von Dummheit

Mit Genugtuung siehst Du,
wie Dein Bruder eine zu schlechte Durchschnittsnote
für ein besseres Studium hat.
Ja, darin kann er Dich nicht überflügeln.
Du bist besser.
Auch Deine Schwester
hat es nicht sehr weit gebracht.
Gut, sie ist eine Frau,
aber zudem eine dumme.
Du bist der Beste.
Und sicher wissen das auch die anderen.
Wer sollte daran zweifeln?

Du warst es auch an der Uni –
der Beste,
wusstest immer,
an wen man sich wenden muss.
Beziehungen sind wichtig,
für ganz besondere Dinge,
für ganz besonderes Wissen.
Und wehe dem,
der mehr vorzuweisen hatte
als Du,
der mehr wusste als Du,
bessere Beziehungen hatte,
wertvoller war für jemanden,
der wichtig war für Dich.
Wie ein Kind konntest Du wütend werden,
Du, der selbstbeherrschte, starke
Einzelkämpfer.

Erhaben siehst Du auf Menschen,
die jung sind wie Du.
Ein Stück Weg bist Du mit ihnen gegangen.
Wollten sie nicht,
was Du wolltest?
Du siehst sie zusammen lachen,
siehst sie sich austauschen
über was sie wissen,
über was sie tun.
Und Du siehst erhaben.
Was können sie schon ausrichten,
die, die nie wussten,
worauf es im Leben ankommt?

Und weißt Du,
mit Deiner Arroganz
wirst Du am Ende dümmer sein
als auch der Verschlafenste von ihnen,
die da zusammen stehen mit ihren Ideen,
und nicht wissen,
was Du weißt.

Sein oder Nichtsein

Wenn ich mit euch bin,
mit euch sitze und rede,
bin ich nichts,
bin mir selbst so fremd,
wie ihr mir fremd seid.

Wenn ich mit Dir bin,
bin ich alles,
bin ich Leben,
bin ich mir selbst so wichtig,
weil Du wichtig für mich bist.

Verpasste Momente

Des nachts begegnen wir einander,
erleben,
was wir in Wirklichkeit zu leben
verpasst haben.
Waren es Momente,
die wir vorbeiziehen und nicht gewähren ließen,
so dass es anders kam?
Mit Lust erwache ich,
denke an dich.
Doch vorbei!
War der Traum ein Abschluss,
ein Hinweis darauf,
was vielleicht hätte sein können?

Von einer hysterischen Übersensiblen

Länger ertrage ich sie nicht,
diese unerträgliche Sehnsucht
nach Wärme, Nähe.
Keinen Tag länger ertrage ich es noch
dies zu entbehren.
Und doch,
diese, meine verkrampfte Seele
macht Nähe unmöglich.
So will ich nicht zugrunde gehen!

Du gefällst mir.
Mit Freude spiele ich Dir
viel Gefühl vor,
will Dich mit meinen Blicken verzaubern.
Du scheinst gerührt.
Ich spiele weiter,
spiele Dir Fähigkeit zur Nähe vor,
Einfühlungsvermögen.
Doch was Dich erwarten würde,
wäre ein verschlossenes Herz,
unfähig, Dich zu verstehen.
All Deine Fähigkeit zu echter Zuwendung;
würde sie diese Verkrampfung lösen können?

Deine Blicke fangen an
mich zu verwirren.
Sieh nicht so,
es schmerzt!
Die Sucht nach Dir wird größer,
unerträglich groß,
auch die Verkrampfung.
Du beschäftigst mich zu sehr.
Hast Du mich schon immer so angesehen?
Lass das!
Bitte verzeih mir,
wenn ich Dich enttäuscht habe,
verachte mich nicht!
Warum wollte ich auch unbedingt
von Dir bemerkt werden?

Liebeserklärung an eine Illusion

Die Sehnsucht,
dich nur noch einmal wiederzusehen,
beherrscht meine Gedanken.
Wie würdest du reagieren,
wenn ich dich ansprechen würde,
ich, eine von vielen,
und was könnte ich dir sagen?
Würdest du Deinen Blick abwenden,
wenn ich dich wie so oft
sehnsuchtsvoll anblicken würde?
Die Angst, dich zu bedrängen,
schwächt den Wunsch
nach einem Wiedersehen etwas ab.
Und hattest du mir nicht immer wieder
Ablehnung gezeigt?
Und warum,
warum kann ich es nicht lassen,
immer wieder an dich zu denken?
Wie lange wird es dauern,
bis dein Blick mir nicht mehr
so gegenwärtig ist?
Du hast so wunderschöne Augen,
mit einem Blick so klar und tief.
Waren sie es,
die dich mir so nahe brachten?
Haben sie mich immer wieder in Deinen Bann
gezogen?
Oder was war es?
Manchmal glaubte ich, dich zu fühlen,
einen Hauch mehr von dir zu spüren,
als von allen anderen.

Ja, ich habe dich begehrt
und hatte solche Gier nach dir
und schäme mich nun dafür.
Meine Begierde
hat das reine Gefühl zu dir zerstört.
Hast Du dich von meinen Blicken
bedrängt gefühlt? Verzeih!
Nähe, wenn sie dir wichtig ist,
offene, natürliche Menschen,
mit denen du lachen kannst,
und reden, wenn du magst,
und Freude und Erfüllung in dem,
was du tust.
All das wünsche ich dir so sehr,
und ich wünsche es dir wirklich,
und Tränen rollen dabei über mein Gesicht,
und ich glaube,
mein Gefühl für dich war nie reiner.
Menschen in meiner Nähe,
die dich nie erlebten,
stören mich in der Trauer
um deinen Verlust.
Wie lange wird es dauern,
bis ich endgültig aus deinem Bann bin,
bis dein Blick mich nicht mehr erregen kann,
falls ich ihm einmal zufällig begegne?

Nach einer längeren Reise

Näher kehrt die vertraute Welt,
wieder näher kehrst Du.
Gedanken kehren zurück,
welche längst vertrieben geglaubt,
ein angenehmes Gefühl.
Bedürfnisse deuten sich an.
Warum werden die anderen blasser,
wenn ich stärker an Dich denke?
Wünsche schleichen sich ein,
in Phantasien gekleidet.
Sehnsuchtsvoll zärtlich, rein,
denk ich an Dich.
Könnte ich jetzt Dein Freund sein,
nah neben Dir sitzen,
mit Dir reden.
Die Phantasien zu verdrängen
fällt schwerer.
Ich möchte Dich wiedersehen.
Bald!

Suche nach Dir in der Menge,
vermute Dich ... überall,
dann, ein Abend mit vielen Leuten,
laute Musik,
wilde Leidenschaft packt mich.
Ach wärst Du wenigstens ein Mann,
nachdem ich mich so verzehre.
Warum denke ich heute in dieser Art an Dich?
Gestern wollte ich nur nah mit Dir sein.
Hattest Du mich nicht abgelehnt?
Egal.
Du hast dieses Verlangen ausgelöst,
Bedürfnisse, die immer wieder drängen
wahrgenommen zu werden.
Warum hast Du diese Bedürfnisse heraufbeschworen,
Du, kalte Frau?!
Lange warst Du bei mir in Gedanken.
Wer wird die nächste sein?

Eine Stunde hin und wieder

Schenke mir ab und zu
eine Stunde Deiner Zeit,
eine Stunde,
in der wir uns gegenübersitzen, reden können,
ich Dir unendlich lange
in Deine so wundervollen Augen sehen kann,
eine Stunde,
in der ich Dir zärtlich ins Haar greifen darf
oder Dich mit Küssen bedecken,
wenn ich mag.
Eine Stunde ab und zu,
in der ich Deinen Atem spüren kann,
dem es so schön gelingt,
diesen unruhigen Geist zu beruhigen,
der das Herz solche Wonne fühlen lässt,
die allein es fertigbringt,
es neuen Freuden
kraftvoll entgegenschlagen zu lassen.
Oh, ab und zu nur eine Stunde mit Dir,
nicht für immer,
nur solange,
bis ich leben kann
ohne diese drängende Sehnsucht,
die das Herz zusammenschnüren
und den Geist verwirren kann.

Geborgenheit

Wo ist die Wärme,
wo sind die warmen Beziehungen? Familie!
Welchen Schwall von Erwarten und Sehnen
löst dies Wort aus.
Ein Hauch von Geborgenheit,
ein Hauch von
Du gehörst zu uns,
wir gehören zusammen.
Ich träumte davon,
suchte danach,
traurig und blind trottete ich.
Ich suchte in der Vergangenheit.
In jedem Stück von ihr
fand ich einen Hauch davon.
Doch warum spüre ich jetzt nichts von ihr?
Mir ist,
als müsste ich daran zugrunde gehen,
als würde ich sie nie mehr fühlen können.
Doch dann ein Fest,
betörende Klänge, lachende Leute
wollen mir sagen,
„Sieh her, hier ist, nach was Du suchst.
Du kannst Geborgenheit fühlen,
wann immer Du willst,
bis zum Ertrinken.
Vergiss, was gewesen!

Was Dich zugrundegehen lässt,
ist Deine Angst,
Angst, die Dich hindert,
Dich einfach einzulassen
und Deine Bedürfnisse zuzulassen.
Komm zu uns rüber!
Sei Teil von uns,
lache mit uns, lebe mit uns!
Wenn Du für Dich sein willst
und Sachen spielst,
die niemanden interessieren,
dann bleib es
und erhoffe nichts von uns.
Wir wollen leben
und gehen dahin, wo wir es können!"

Komplizinnen

Viel Zeit verbrachten wir miteinander.
Ich nannte Dich Freundin.
Aber haben wir je
über dieselben Dinge gelacht?
Du hast mich eine Spur zu sehr gekränkt,
als Du sagtest,
ich wäre nie eine Freundin für Dich gewesen.
Es schnürte sich etwas in mir zusammen.
So verbannte ich Dich aus meinen Gedanken,
und irgendwann bemerkte ich,
dass ich manches anders ansah.
Du musst doch ganz schön
in mir gewesen sein.
Was bedeutete es also,
ich hätte mich nicht auf Dich eingelassen?
Wie groß Dein Einfluss war,
habe ich nun bemerkt.
Aber wenn ich auch gerne
mit Dir zusammen war -
es war mehr als bequem,
fehlte doch etwas,
was mich in Deiner Anwesenheit traurig machte.
Wir fühlten keine Zuneigung füreinander.
Wir waren Komplizen.
Nun verstehe ich Dich.

Du hattest wohl noch eher etwas gefunden,
was Dir zeigte,
wie anders eine echte Freundschaft sein kann.
Du warst die Stärkere,
und ich glaube,
ich unterwarf mich Dir ein Stück,
aber nicht, weil ich Dich liebte.
Und Du warst es auch,
die dies alles beendete.
Wann wäre es mir in den Sinn gekommen,
dass eine wirkliche Freundschaft befriedigender
sein könnte?

Verachtenswert

Einst,
als Du um mich warbst,
Du warst so blass,
lahm, taub,
mit einem Wort:
verachtenswert.
Immer mehr,
je länger Du um mich warst.
Jetzt?
Du an der Seite dieser Frau,
nie sah ich Dich so
aufrecht,
erstrahlt,
im Glauben an die Welt.
Jetzt?
ist da wieder ein anderer an meiner Seite.
Gebrochen,
lahm …
mit einem Wort:
verachtenswert.
Und Du?
Du verachtest mich nicht.
Zu fremd sind Dir meine Gedanken.
Verzeih, Du warst nie verachtenswert.

Die vermeintlich Starken

Warum diese Unzufriedenheit,
die mich zuweilen ergreift?
Umgeben von meinesgleichen
kann ich nicht glücklich sein,
immer ein Verlangen
nach den vermeintlich Starken,
die es selbst noch fertigbringen,
sich für so sensibel zu halten.
Vielleicht sind es ja garnicht die ganz Starken?
Gibt es noch Steigerungen,
Dimensionen von Stärke,
die ich nie begreifen werde?
Was sind denn wir,
die Sanftmütigen, Empfindsamen?
So gerne weile ich in diesem Kreis
dieser scheinbar so Kraftvollen,
die nichts so schnell umhaut,
so glaube ich.
Ein grauer Tag
legt sich ihnen nicht gleich aufs Gemüt.
Sicher aufregend,
Leidenschaft in ihnen zu wecken.
Für Momente würde es vielleicht gelingen.
Vielleicht würde ich ja darunter zerbrechen?
Nein, ich schätze auch meinesgleichen,
muss wissen,
dass da noch andere so empfinden.
Und doch,
habe ich einen schönen Tag,
fühle ich mich so wohl bei ihnen,
mit dem klaren Blick,
dem energischen Schritt,
dem kraftvollen Lachen.

Augen verraten

Du sagst, meine Augen
verraten, was ich denke.
Frag mich,
warum ich diese Augen habe.
Du sagst, was Du denkst,
und was Du fühlst… manchmal.
So wirst Du nicht zugrundegehn.
Ich weiß nicht,
warum es mir so schwerfällt,
so offen zu sein wie Du.
Hätte ich nicht meine Augen,
wie könnte ich mich mitteilen,
ohne zu reden?

Du sagst, wer Du bist,
und Deine Augen blicken klar.
Ich kann Dir nicht sagen, wer ich bin,
manchmal weiß ich es nicht.
Aber vielleicht
wissen es meine Augen
und sie sagen es Dir?

Nicht an Dich denken dürfen

Ich schließe meine Augen
und sehe einen Mann,
in dessen Welt ich nie gehören kann.

Ich sehe Dich gehen,
sicheren Schrittes
doch dabei so leicht,
getragen von irgendeinem Rhythmus,
ruhenden Blickes,
fast selig siehst Du ins irgendwo.

Wie könnte ich teilhaben
an dem,
was ihn mit der Welt verbindet,
was er erfahren,
er allein
weiß.
Es scheint,
nie könnte ich an seiner Seite gehen.
Er würde fragen:
„Wer bist Du? Wo kommst Du her?"
Würde mir zusehen
und würde sagen:
„Ich kenne Dich nicht.
Ich kann nicht mal
ein Stück von dem Weg sehen,
den Du gehst."
Vom Rhythmus und Puls des Lebens getragen
würde er weitergehen.

Wann war es,
als Dir diese Welt zur Heimat wurde?

Desto mehr ich an Dich denke,
desto trauriger werde ich,
weil ich immer klarer spüre,
dass ich Dir nicht folgen kann.

Für mich wandelst Du irgendwo im Licht,
füllst auf so besondere Weise
Deinen Platz in dieser Welt.
Alles hat Sinn für Dich,
Du hast Sinn.

Ich denke an meine Schritte,
sie sind schwer
und dabei so unsicher,
unbeholfen stolpere ich umher,
kein Rhythmus scheint mich zu tragen.

Traurig,
weil Du so unerreichbar weit scheinst,
sehe ich nicht mehr Dich,
nur noch, wie ein gut gebauter, eleganter Mann
einen Weg geht,
jede Bewegung vollkommen.

Würdest Du doch einmal
auf mich zukommen,
wie ich Dich in Gedanken wandeln sehe,
mich ansehen
wie etwas,
was für Dich existiert.

Wenn ich in Deine offenen Augen sehe
(wünschte ich, ich wäre eine andere)

Manchmal möchte ich tauschen,
möchte nicht länger
die an eine unsichtbare Last Gefesselte sein,
die Haltlose, Ängstliche,
die sich so schnell verwirren lässt

Ich möchte Deine klaren Augen,
die offen und frei blicken,
voll Vertrauen ins Leben.
Möchte Halt finden,
so viel, dass ich überall zu Hause sein kann,
wie Du.
Ich möchte Ruhe und Leben,
weiß jetzt,
wo ich all das finden kann.
Aber nicht als die,
die ich immer noch bin.

Gerade darum
möchte ich endlich tauschen wie noch nie, so sehr,
Verwirrtheit und Angst
gegen Vertrauen und Klarheit.

Ich habe immer geglaubt,
es würde etwas geschehen,
und ich wäre geheilt,
würde neu geboren werden.
Wohl sehr naiv;
man wird doch nur einmal geboren.

Ich mag Dich

Unendliche Müdigkeit
legt sich auf das so leicht bewegte Gemüt.
Nerven bis zum Äußersten gespannt
lassen den Körper nicht zur Ruhe kommen. Es ist zu
viel,
zu viel Angst,
die mich nicht schlafen lässt,
kaum noch zu tragen.

Wo ist die liebevoll streichelnde Hand,
der verstehende Blick,
Worte, die berühren?
Wo ist,
was mich wieder zur Ruhe kommen lässt?

Ich mag Dich.
Wenn ich sehe,
dass es Dich gibt,
ist die Welt gleich ein wenig schöner.
Wer bist Du?
Heute glaube ich an den Gott in Dir.
Ab und zu diesen Glauben;
Du hast die streichelnde Hand,
Du kannst verstehen.
Wenn es mir so trist geht wie heute,
ist die Sucht nach Dir so groß.
Wenn die Sonnenstrahlen allem Farbe geben,
denk ich auch an Dich.

Gierig, wie ich heute bin,
würdest Du mich nicht mögen.
Ich könnte nicht wirklich hören,
was Du sagst,
könnte nicht mit Dir lachen.
Es ist so schön, mit Dir zu lachen.
Wenn Du in meiner Nähe bist,
verliert sich mein Blick;
aber mich auflösen für Dich?
Du bist ein Mensch wie ich,
Du bist nicht Gott.
Du kennst mich nicht,
Du wirst mich nicht verstehen.
Du siehst nur meinen verklärten Blick
und wirst das nicht wollen.
Ich möchte wieder mit Dir lachen.
Ich will mehr von Dir wissen.

Zu viel genommen

Ich möchte,
dass Du Dich öffnest;
schwer, mit einer Puppe die Welt zu erleben.
Du sagst zu allem Ja, lächelst freundlich.
Dein Handeln gezwungen,
irgendwie verarmt.
Aber würde ich Dich verstehen?
Vielleicht ist es besser für Dich,
Du öffnest Dich nicht!
Nicht vor mir.
Zuneigung, die Du von mir möchtest,
würde ich Dir vielleicht nicht geben können.
Kann ich überhaupt einen Menschen lieben?
Sicher nicht,
solange ich von Menschen nehme,
denen ich nicht wiedergeben möchte.
Solange ich das tue,
wird die Welt nicht so schön sein,
wie sie sich mir in Momenten offenbart,
wie sie sein könnte,
wie sie sein möchte,
auch für mich,
wenn ich mich doch nur mehr
an ihre Regeln halten würde!

Erkannt und doch woanders hingetrieben

Ich hab Dich erkannt.
Aus so vielen heraus sahst Du herüber,
mal ernst
oder Du lächeltest.
Du so vertraut.
Alles in mir zog mich zu Dir.
Sanft geborgen fühlte ich Dich.
Dein Geist so klar.
Tyrannisierten mich meine Hormone,
zog es mich auch zu Dir,
anders
oder zu einem anderen,
ähnlich Dir,
von anderem Geschlecht.
Wäre er nicht,
vielleicht würde ich Dich,
so wie ihn begehren?
Und doch bin ich nicht zu Euch gegangen.
Nicht zu Dir, nicht zu ihm.
Woanders bin ich hingetrieben.
Immer noch verloren bin ich hier,
sehne mich nach Eurer Nähe,
frage mich,
warum ich sie nicht gesucht habe,
wo doch mein Herz
mir Euch gezeigt hat,
und auch mein Geist
nach Austausch mit Euch sucht.
Wie weit Ihr doch jetzt weg seid,
viel weiter als am Anfang.

Wir tun uns nicht gut

Wie wenig Du mich verstehst.
Hab ich es nicht schon immer geahnt?
Warum spüre ich es jetzt so sehr,
jetzt, wo schon so viele Worte gesagt sind?
Deine Augen,
die mich gespannt und erwartungsvoll ansahen,
wenn ich meinte,
Du hörst mir zu,
und die doch nur auf einen Liebesbeweis warteten,
verbunden mit der Sehnsucht,
selbst verstanden zu werden.
Hätte ich all die Worte doch nicht ausgesprochen,
würde ich mich nun vielleicht nicht so leer fühlen.
Hätte ich es dem Wald erzählt.
Das Rauschen der Bäume
hätte mir für Momente
einen Hauch von Fülle gegeben.
Keine Träne kann mir zurückgeben,
was ich so achtlos gab.
Sicher, Du warst ein guter und treuer Gefährte,
Du warst der einzige.
Aber wenn wir weiter zusammen gehen…
Ich bin die falsche Begleitung für Dich.
Und hoffentlich bald
findest Du ein großes und gutes Herz,
mit Augen, die Dich liebevoll ansehen,
ein Herz, das Dich allein verstehen will.
Du allein bist wichtig.
In dem Glauben sollst Du weilen,
so lange,
bis auch ein anderer
Dir auf eine andere Art wichtig sein kann.
Und mach Dich endlich aus meinem Leben.

Ich möchte wieder atmen können,
möchte mich nicht mehr böse und schlecht fühlen,
weil ich Dir nicht genug geben kann.

Und die vielen Kleinigkeiten,
die Du mir abgenommen hast.
Sollte ich klein und hilflos zu Dir flüchten,
und Du könntest Dir stolz auf die Brust klopfen?
Ich brauche mich nicht zu schämen,
habe ich Dir doch einiges gegeben.
Und wenn es nur dieses Gefühl
von Überlegenheit war.
Und ich will nicht mehr auf Dich schimpfen,
weil Du nichts von all dem verstanden hast,
was ich Dir erzählt habe.
Also geh doch einfach.
Du machst mich krank!

Warum bin ich nicht fähig genug,
selber zu gehen?

Hoffnung

Ich bin noch lange nicht verloren,
weil ich nicht hatte,
was Ihr hattet,
weil mein Weg nicht so klar verläuft
wie Eurer.
Es scheint mir, Ihr geht ihn so sicher.
Ich flattere wie ein Schmetterling,
setze mich mal auf diese,
mal auf jene Blüte,
ohne dass ich scheinbar Nutzen davon hätte.
Manchmal drohe ich
zu zerbrechen.
Ihr bedauert mich?
Ja, einst war ich unglücklich.
Heute bin ich dankbar,
dass ich selber suchen darf.
Und ich glaube,
irgendwann werde ich finden,
was ihr lange schon habt.
Vielleicht finde ich Ähnliches.
Unbewusst, ausgewählt
aus dem vielen,
in welchem ich oft ziellos herumirre,
dem Zerbrechen nah.

Es fehlt Liebe

Wer anders kann Leben geben,
als der mit einem großen Herzen?
Und wer anders
hat ein großes Herz,
als der, der liebt?
Oder noch größer –
als der,
der wieder geliebt wird?

Wohl darum komme ich zu Dir
und bitte um ein wenig Wärme.
Der Du so viel Liebe hast,
dass Du anderen abgeben könntest.
So viel Liebe, dass Du andere überleben wirst,
Jüngere, die irgendwann nicht mehr
auf dieser Erde wandeln möchten,
weil ihnen Licht und Wärme fehlen.
Werden sie bekommen,
was ihnen zum Leben fehlte,
wenn sie gegangen sind?

Geh dahin, wo Emotionalität ist,
reine tiefe Emotionalität.
Ausgeglichen,
nichts Affektives.
Nichts, was zerplatzt,
wenn man es zu sehr aufbläht.
Geh dahin, wo es warm ist.
Alle Leiden dieser Welt
können Dir da zustoßen,
und Du wirst nicht untergehen.

So schrecklich allein

Kaum noch zu ertragen,
fast löst sich alles auf.
So viel zu erledigen, so viel Hast.
Und ich spüre das Leben nicht mehr,
Leben, das in allem wohnt,
Bewegung, Farben.
Wo ist das Wahre, Tiefe?
Habe ich es denn schon je gesehen?

So sehr sehne ich mich nach warmen Schenkeln,
die meine sanft berühren,
sich an sie pressen.
Warme feuchte Lippen,
die sich zärtlich über mein Gesicht bewegen.
Warmer lebendiger Körper,
in dem so viel Bewegung wohnt.

Wie weit entfernt
ist alles Wahre, Tiefe, Lebendige?
Oder ist es garnicht so weit?
Entgleist,
irgendwo neben der Spur,
die da Leben heißt?

Vagabund

Überall zu Hause
und nirgendwo.
In Unterhaltung
mit dem Fluss, der Wiese,
im Tanz mit der Sonne.
Wie sehr muss sie
um das Leben wissen,
sie, die es immer neu erweckt?
Sie, die es so eindringlich zeigt,
wenn sie Schatten erzählen lässt,
Konturen setzt,
nach einer Regel,
die nur sie kennt.
Und Du, Zigeuner?
Wer versteht die Regeln,
nach denen Du lebst?
Wer anders als der,
der das Leben versteht?!

Urvertrauen

Diese faszinierende Kraft;
Das ist Gott,
der aus Deinen Augen
zu mir
und auch zu den anderen herübersieht.
Alle sind angezogen.
Alle wollen die absolute Wärme und Geborgenheit,
die ihnen kein anderer Mensch geben kann,
nicht ein Wesen, wie sie es sind.
Allein, Du brauchst sie nicht mehr,
die Sympathien,
nach denen Du früher lechztest.
Du weißt um die Dinge,
die klarer, heller und größer sind.

Abschied

Wieder ist etwas zu Ende,
wieder stirbt ein Stück Leben.
Zuneigung und Gefühle
erreichen mich von den Menschen,
die ich verlasse.
Ich sehe sie lächeln,
wissend, eindringlich,
wie ich es vorher nicht bemerkt habe.
Und die Gewissheit,
alles war gut.
Und auch wenn ich nicht weiß,
wie oft ich noch
auf diese Art gehen werde,
bin ich doch auch wissend,
irgendwo.

Wissend

Du sagst,
Du hast gesehen,
was Du wolltest.
Du hast das Wesen gesehen.
Aber das Wesen ist doch schön,
wahrhaftig, lebendig?
Wenn es wirklich das Wesen war,
warum willst Du dann schon gehen?

Begegnung zwischen Träumen und Wachen

Lange nachdem ich Dir das letzte Mal begegnet war,
träumte ich einen wunderbaren Traum,
so intensiv.
Und die folgenden Tage wandelte ich in
Gedanken an Dich,
oder an diesen Traum.
Aber warum dieser Traum,
nach so vielen Jahren?
Schon garnicht mehr wahr,
dass ich einen Gedanken an Dich verschenkte.
Andere Menschen berührten mich.
Du warst längst vergessen,
warst ein heller Teil in meiner Erinnerung,
wie andere.
Dann war da ein Fest, ein Maskenball.
Ich bahnte mir einen Weg
durch die Menge verkleideter Menschen,
als mich ein Augenpaar traf,
kurz, wie ein Blitz.
Nein, es war wohl nicht wahr …
Es waren die Augen aus meinem Traum.
Wie in Trance, besessen,
suchte ich überall,
unter über tausend Menschen,
nach diesen Augen.
Ich konnte sie nicht finden.

Erschöpft und an mir zweifelnd
lehnte ich mich an ein Geländer,
als ich neben mir eine Stimme vernahm,
vertraut.
Nein, es war nicht wahr?.
Neben mir der Mann, der im Traum bei mir war,
umgeben von Frauen,
ein gewohntes Bild.
In einer Art von Ekstase sprach ich ihn an,
und er erkannte mich nicht.
Welche Enttäuschung!
Wäre nicht dieser Traum,
hätte ich ihn erkannt,
nach so vielen Jahren?
Wahrscheinlich wäre ich an ihm,
wie an einem Fremden, vorübergegangen.

Er sah anders aus,
als in meiner Erinnerung.

Heiliger Gleichmut

Du fällst mir auf.
Dann bist Du ein toller Mann.
Bis Du mir irgendwann so sehr gefällst,
dass ich leblos werde vor Begehren.
Oder vor Dir weglaufe,
oder Du vor mir?
Zu viel Leidenschaft für Dich,
nimmt die Leichtigkeit.
Unmöglich, Dir näher zu kommen.
Zu viel Leidenschaft.
Und ich warte darauf,
dass Du irgendwann sagst:
„Schafft sie mir vom Hals."

Deine Hände

Ja, ich möchte, dass Du Deine Hände
nach mir ausstreckst,
Deine viel zu großen weichen warmen Hände.
Wie von einem fremden ruhenden Tier lagen sie dort.
Ich möchte,
dass sie mit sanfter Dynamik über meine Haut fahren,
Deine Vitalität in mich senken …
Gierig denke ich an Deine Hände,
bis meine Gedanken nicht mehr zurückfinden
und ich Dir nicht mehr
in Deine klaren offenen Augen sehen kann.

Gedachte Verwechslung

Da sieht Dir jemand zum Verwechseln ähnlich.
Dein Körper? Fast Dein Körper.
Deine Bewegungen.
Ja, sogar ein Hauch Deines Lächelns.
Ich folge „Dir" mit meinen Blicken.
Du gehst auf die Tanzfläche,
mit Deiner Partnerin.
Du tanzt,
und ich folge Deinen Bewegungen.

Er ging wie Du,
würdest auch Du so tanzen?
Ich kann meinen Blick nicht von ihm lassen,
Dich hätte ich nie so angestarrt.

Er führt seinen Kopf ganz nah
an den seiner Partnerin.
Seine Haare müssen ihr Gesicht berühren.
Und dabei sieht er auf den Boden.
Ein kräftiger, wohlgeformter Arm
legt sich auf den Rücken der Frau.

Manchmal finde ich,
er macht ein paar Gesten zu viel.

Die schönen, eleganten Beine,
die irgendeinem Rhythmus folgen.
Manchmal ein unbeholfener Schritt,
der ein abruptes Ende
in einer nicht so perfekten Stellung findet –
jaja, die Partnerin hat eigene Vorstellungen.

Oh diese Beine,
diese Bewegungen in einem so angenehmen Rhythmus,
einem magischen Fluss.
Nicht mal mehr das Gesicht sehe ich.
Und ich bin mir kaum mehr bewusst,
dass ich diesen Mann anstarre.

Eine armselige Nahrung für meine Phantasie,
wenn ich mir vorstelle,
wir würden so tanzen?

Die Welt ist nicht kalt

Die Welt ist nicht kalt.
Wärme und Nähe woanders erahnend,
fange ich an, verrückt zu werden
vor frustrierender Kälte.
Keine Nähe in der Nähe.
Sehnsucht treibt Gedanken weit,
Hoffnung auf erreichbare Wärme dort
hält Lebensmut aufrecht.
Verwirrung, Unsicherheit –
vertraute Gefühle.
Ich fühle eine Mauer wie einen Fluch,
meine Mauer, die es mir unmöglich macht,
Wärme und Nähe tief innen zu spüren.
Wärme und Nähe, beides zu spüren,
so wichtig,
um von allem etwas mehr zu fühlen,
zu leben!
Zeit ist vergangen.

Ich fange an, auszusehen wie eine Frau,
zu fühlen, wie eine Frau.
Wie eine Frau?
Schon lange vorbei
die Zeit der Verwirrtheit,
der totalen Offenheit.
Eingezwängtes Herz
hinter einer selbst errichteten Mauer.
Was kostet es, frei zu sein?
Für einen emotionalen Gedanken,
einen Umstand,
der mich ein Stück mehr frei sein lässt,
ein Stück mehr fühlen lässt,
würde ich mit Freude versprechen,
sämtliche Gebote einzuhalten.

Strukturen

Wie leicht es ist,
zu leben, was man schon gewohnt ist.
Unbewusst scheinen sich Dinge zu wiederholen.
Warum ist alles ähnlich,
wie es schon vorher war?
Ohne dass ich es wollte,
scheint sich eine Struktur
in mein Bewusstsein geschlichen zu haben.
Und Bewusstsein ist bestrebt,
sie immer wieder leben zu lassen.
Und ich allein habe sie irgendwann,
ohne es zu spüren,
tiefer dringen lassen.
Ja, hatte ich nicht einst gekämpft
um diese Strukturen
oder um ähnliche,
und war dankbar für die Kraft,
die mir half,
die davor zu vernichten?
Aber wollte ich das,
was ich nun habe?
Konnte ich ahnen,
welchen Einfluss so gelebtes Leben
irgendwann haben wird?
Ich sage: Später,
nächstes Jahr…
will ich ausbrechen,
diese langweiligen Strukturen
hinter mir lassen,
von denen ich nicht wirklich glaube,
dass sie zu mir gehören.
Ich wollte doch ganz anderes.
Und ich habe es immer noch in der Hand,
auszubrechen!

Wo ist das Paradies?

Sehnsucht nach einem Paradies,
Klarheit, Licht, Wärme,
Sehnsucht, die hier keine Befriedigung findet?
Warum ist sie da?
Ist da noch eine nicht gelöste Verbindung,
ein Hauch von Anfang und Ende
alles Lebendigen?
Bedürfnisse gegenwärtig,
immer wieder Versuche,
sie zu befriedigen,
gescheiterte Versuche,
die noch trauriger machen.
Eine Erkenntnis –
ihre Erfüllung wird mir hier versagt bleiben,
und so soll es wohl sein?
Vielleicht dies als Tatsache akzeptieren
und einfach weiterleben,
und ein Sinn wird sich offenbaren,
und später, viel später
werden alle Bedürfnisse befriedigt werden,
deren Existenz hier nichts zu suchen hat?
Wir sind hier zum Leben,
nicht zum Grübeln und Leiden,
weil uns himmlische Bedürfnisbefriedigung
versagt bleibt?
Oder war es garnicht sicher,
dass ich leben sollte?

Sehnen

Wo seid Ihr,
wo soll ich Euch suchen,
Wärme, Licht, Verstehen?
All mein Sehnen galt Euch,
so oft, so lange schon.
Was mache ich falsch?
Warum kann ich Euch nicht finden?
Wo ich doch weiß,
dass es Euch gibt,
HIER.
Was ich suche,
sehe ich überall,
in den Augen der Menschen,
in Filmen, Musik.
Manchmal weht ein Hauch herüber,
geballte Wärme, voll das Leben.

Folge Deiner Sehnsucht?

Leben,
wie lang wirst Du sein,
wie viel Zeit werd' ich haben?
Ein paar wenige Geräusche auf der Straße,
ein wunderschöner bunter Herbst,
Bücher um mich herum.
Gern würd ich mich ihnen mit Lust widmen.
Stille,
ein Sinnen…
und ein Drängen.
Was hab ich getan bis jetzt?
Viel Zeit ist vergangen,
und immer war da diese Sehnsucht.
Und immer lief doch alles so weiter.
Warum hab ich mich nicht
mit Schwung befreit von allem Laschen,
ihr zu folgen?
Wo bleibt die Zeit?
Ständig bemüht,
Stabilität ins Leben zu bringen,
zu festigen, wo ich stehe.
Angst vor noch mehr Haltlosigkeit?
Wann werd' ich es schaffen,
auszubrechen,
fremdem Getümmel lustvoll entgegenzureisen?
Was hält mich?
Was kann ich verlieren,
außer der Illusion von einer Stabilität,
die es nie gab?
Haben diese Sehnsüchte
nicht mehr mit meinem Leben zu tun,
als das,
worauf ich mich immer wieder einlasse?

Die aufregenden Zeiten

Mutige Menschen,
getriebene Menschen
gingen einst,
ein neues Leben zu beginnen.
Hoffnung und Unsicherheit gingen mit.
Fasziniert sehen wir heute
auf diese Jahre in diesen Städten
mit so viel Leben,
scheinbar voll bis zum Rand.
Aber was wissen denn wir?
Jahre des Umbruchs, des Suchens
von so vielen Menschen,
voll von Träumen von Glück
in einer neuen Freiheit.
Verzweiflung,
vielleicht Angst, zertreten zu werden
von den vielen anderen,
die auch ihr Stück Leben verteidigen.
Nerven bis zum Äußersten gespannt.
Ihr unruhiges Leben
in diesen Städten,
wo sich alle trafen
hinterließ eine Mystik bei denen,
die viel später kamen.
Literatur von aufgewühlten Menschen;
auch lebende Bilder
der einst noch jungen Filme;
Musik, die berührt,
lassen uns in Sicherheit Aufgewachsene
in Illusionen schwelgen.

Ein Sehnen erfüllt für Momente
unsere behütete,
von Stabilität umgebene Brust
im Gedenken
an diese aufregenden Jahre –
Paris und Berlin in den Zwanzigern,
New York in den Fünfzigern,
Berkley in den Sechzigern.
Doch diese Städte,
schon längst abgefallen der „Glanz",
illusionäre Geschichte.
Wir riskieren nicht Außergewöhnliches,
und wir gewinnen nicht.

Weißt Du noch?

Weißt Du noch, als wir 17 waren,
an einem Tag im Mai auf einer Decke im Gras
saßen und malten?
Und die Sonne beleuchtete unsere Seele,
genau, wie sie es immer wieder tut.

Weißt Du noch, als wir 18 waren,
wie so oft am Strand entlangliefen,
redeten, Fotos machten, alberten
und dabei dieses Empfinden genossen,
in den Bann geraten von Meer und Wind?
Genau wie auch heut noch.

Und doch hab ich Sehnsucht,
solche Sehnsucht nach alledem,
nach einem Stück Leben
aus einer längst vergangenen Zeit
meiner eigenen Biographie,
einem Stück Leben,
in rosarote Wolken gehüllt,
irgendwo unvergänglich gemacht
in meinem Bewusstsein.

Eine Sehnsucht,
wenn wir so sehr
die Macht der Vergänglichkeit spüren?

Weißt Du noch?
Ein andermal weiß ich etwas anderes,
und es wird wieder scheinbar so klar
in Erscheinung treten,
als wäre es erst gestern gewesen.

Fülle

Illusionen, die uns
irgendwo hintreiben ...
Vielleicht sind wir dort,
wo sie uns hinführen zufriedener
oder nicht.
Wie soll das weitergehen?
Immer wieder Illusionen,
ein Leben lang Illusionen folgen
und nie irgendwo ankommen?
Umherirrend,
nichts ist genug,
nicht die anderen Menschen,
die unseren Weg kreuzen?
Und die vielen Ideen,
diese Neugierde.
Und wenn wir dann irgendwann gehen müssen,
gucken wir voll Angst suchend um uns –
hier und dort ein wenig von uns hinterlassen,
aber sonst?
Unsere Tage, überall ein Hauch,
in allem ein Hauch von uns.
Irgendwo angekommen,
treiben schon wieder Illusionen.
Wo ist dann die Fülle,
die Beständigkeit, die uns umgibt?
Und so sollen wir dann gehen?
Wir müssen beizeiten zur Ruhe kommen,
ein Haus für die Seele suchen.

Universal

Oh Berge, Felsen,
Ihr steht da gewaltig,
bietet Stürmen und allen Wettern die Stirn.
Ohne Reaktion.
Wahrhaftig steht ihr.
Und die lebensspendende Sonne –
kraftvoll wirft sie ihr Licht,
ihre Wärme.
Niemanden lässt sie ungerührt.
Und für Momente lächelt auch ihr,
Berge.

Gedankenkonstrukte

Einem Gedanken folgt der nächste,
immer mehr,
viel zu viele.
Aber sind Gedanken
die Nahrung für den Geist?
Gedankenkonstrukte wie eine Mauer,
wie ein Sack voll Last.
Binden wir ihn doch zu
und werfen ihn
in einen wunderschönen, klaren Bergsee!

Vertrauen

Hell leuchten die Sterne
in meinen Träumen,
lebt der Wald,
rauscht und duftet.
Ich fühle die Sommerbrise,
wie sie sanft das Gras bewegt
und wie dies auch mich bewegt.
Alles lebt in meinen Träumen
und geht so nah.
Fehlt es an Vertrauen in das Leben;
kann ich mich aus Angst nicht öffnen?
Warum Angst vor dem Leben?
Es wird mich tragen;
es wird mich nicht untergehen lassen,
noch nicht!

Lass los und vertraue

Nicht zweifeln.
Glauben!
Glauben an die Zuneigung.
Glauben an das Leben im Körper.
Glauben, die Entscheidung war richtig.
Zweifeln kannst Du,
bevor Du Dich entscheidest.
Hast Du Dich entschieden,
musst Du glauben.
Was kommt,
muss gut sein,
in jedem Fall.
Glauben,
nicht zweifeln!
Glauben an das Leben;
es wird Dich tragen,
wenn Du vertraust.
Es ist gut, wie es ist.

Edel und wahr

Heute ist nicht Deine Zeit,
heute wird Dir keiner Aufmerksamkeit schenken.
Unbeachtet geht man an Dir vorbei.
Sag noch was und Du nervst.
Blass stehst Du
neben einem,
edel und wahr
und vielleicht von solchem Liebreiz.
Dies sind heut nicht Deine Eigenschaften.
Aber irgendwann
wirst auch Du edel und wahr sein.
Und für Momente
wird Dir gegenüber
niemand unbeteiligt sein,
niemand Dir widerstehen können.
Und diese Momente
werden bei Dir
wohl nicht länger wehren,
als bei all den anderen.
Sind es nicht Momente,
wenn wir einen Schritt weiter gegangen sind?
Oder wenn wir uns verabschieden,
von Freunden,
einer Zeit Leben,
und irgendwo anders hingehen?
Oder wenn wir
eine solche Zärtlichkeit
für jemand anderen empfinden,
frei aller Bedingungen?
Jeder kennt diese Momente.
Vielleicht erlebt sie manch einer öfter
als ein anderer?
Vielleicht ja auch,
weil er nicht so viel Zeit hat?

Herzensbrecher

Du willst keine Herzen brechen,
sagst Du.
Kein Lächeln schenken,
wenn es provozieren könnte.
Willst nichts versprechen,
was Du nicht halten kannst.

Aber warum nicht provozieren?
Du schenkst Leben
für ein paar Momente.
Was ist die Enttäuschung
gegen die Aufruhr der Gefühle,
gegen die offenen Sinne,
die uns die Welt offenbaren?

Soll' n sie Dich verehren,
vergöttern,
was sie für Dein Wesen halten.
Und sie lieben die Welt.

Warum willst Du Dich zurückhalten?
Willst Du jemandem diese Gefühle verwehren?

Endzeitstimmung

Warum ist es fünf vor zwölf,
wenn ich auf die Uhr sehe,
immer fünf vor zwölf?
Warum scheint es mir,
als ob sich alle um mich mühen,
wie nicht vorher?
Als ob sie sich
von mir verabschieden wollen?
Warum bin ich so bedürftig nach Gemeinschaft,
wie nicht vorher?
Warum berührt es mich heute so viel mehr,
wenn ich einen Menschen sterben sehe?
Warum wird mir übel,
wenn ich an Tod denke?
Selbst wenn ich ein Lied höre,
erreichen mich aus allen Worten heraus
diese – Tod, Sterben und Ende.
Und warum scheint von Zeit zu Zeit
alles in ein Vakuum zwischen Leben und Tod gehüllt,
so dass mir schon die Freude am Planen vergeht?
Oder ist es nur der Beginn
von etwas Neuem in dieser Welt,
um das mein Geist irgendwo weiß?

Viel zu viel Angst!
Wenn ich irgendwann
keine Angst vorm Tod mehr habe,
habe ich vielleicht vor gar nichts mehr Angst?

Jugend

Viele Sommer ist man jung.
Sommer voll frischer Wiesen, blühender Birken,
Sommer voll gelebter Leichtigkeit,
zarter Erfüllung.
Es war einmal ein Traum von Unbeschwertheit,
allein – es war ein Traum.
Er fällt mir wieder ein,
nun,
wo schon so viele Sommer vergangen
und es nicht einen gab,
der gelebt war,
wie das Jungsein
in meinem Traum:
eine andere Dimension von Leben drängt sich dir auf,
dringt in Dich ein,
und verspricht dir gleichzeitig,
dass du noch viele Jahre haben wirst.

Viele Sommer war ich voll Sehnsucht,
dass auch mich das Leben aufnehmen würde.
Suchend, ungeduldig,
wandelte ich auf den schönsten Wegen,
bis ich mich im tiefsten Dickicht von Schönheit und
Zauber
verirrte …
und dabei doch nichts sah.
Einen Hauch fühlte ich mich wohl berührt
von dem Reichtum um mich.
Doch stand ich wie eine Ausgeschlossene,
die in Wirklichkeit nicht dazu gehört.

Nun bin ich verbittert,
wütend auf das Leben,
das mich nicht wollte.
Oder war ich nur auf unglaubliche Weise blind?!

Warum nicht?

Warum haben wir nicht
getanzt,
dort in diesem Lokal,
bis zum Morgengrauen?
Wussten wir nicht,
dass wir es können,
oder wollten wir es da noch nicht?

Wir standen einmal am Rande dieser Wiese,
frühmorgens,
über allem Frische, leichter Nebel,
alles taubedeckt.
Wunderschöne Gedanken waren auf einmal in uns,
vielleicht an frische Sommermorgen
in einer vergangenen, hellen Zeit.
Und so standen wir,
jeder verloren in seinen Bildern.

Nun stelle ich mir vor,
wohl an die hundert Mal,
wir tanzen in diesem Lokal
bis zum Morgengrauen.
Dann fassen wir uns an die Hände
und laufen über den taunassen Rasen,
bis wir uns in einem viel schöneren Sommer verlieren.

Wer warst Du wirklich?
(Gedanken an eine Mutter)

Liebe Mutti, … Mutter.
Wer warst Du wirklich?
Lange hatte ich nur dies eine Bild von Dir:
Du, eine reife Frau mit vielen Aufgaben,
die wichtig waren.
Eine Frau, die wichtig war
und wenig Zeit hatte.
Immer unterwegs.
Eine förmliche Garderobe,
die nach Versammlungen riecht.
Ich weiß,
Du musst auch oft bei mir gewesen sein.
Aber ich kann mich nicht erinnern,
kann Dich nicht mehr fühlen,
hab nur dies Bild:
eine reife Frau, engagiert, eher kühl.
Eher kühl?
Ich hatte dies Bild
und wollte nicht sein wie Du – älter und hart.
Halte Deine Sachen in meinen Händen,
so viele Jahre später,
nachdem ich jahrelang
einen Bogen um Deinen Schrank gemacht hatte,
weil er mir den Tod so nahe brachte.
Und ich kann mich an nichts mehr von Dir erinnern,
als an dies Bild.

Kann nicht mehr fühlen,
wie es war,
wenn ich bei Dir war,
wie Du warst zu mir.
Kann mich an keine Umarmung
von Dir erinnern.
Was war damals wirklich?
Wieviel konntest Du mit mir anfangen?
Warst Du vertrauensvoll zu mir, zärtlich?
Ich finde eine Handtasche mit den Tabletten,
die Du damals genommen haben musst,
als Du krank warst.
Ich hab nicht gefühlt,
dass Du so krank warst,
dass Du bald nicht mehr da sein würdest.
Was für Gedanken müssen Dir
durch den Kopf gegangen sein?
Du hattest es gewusst!?
Und niemandem etwas gesagt…
Aber Du warst ja auch nicht nur krank,
all die vielen Jahre vorher nicht,
und auch nicht so lange,
wie in meinem Kopf.

Jahre später bekomme ich ein anderes Bild von Dir:
Du, engelsgleich und rein,
mit einem so wundervollen Lächeln,
Fotos aus Deiner Jugend,
Dein Tagebuch
mit so reinen, klaren Gedanken,
wie ich sie von mir nicht kannte.
Und ich wünschte,
meine Gedanken wären wie Deine.

Fragen beschlichen mich:
Hab ich Dich genug geachtet?
Wie viel mehr Gedanken habe ich
an die vielen fremden Frauen verloren,
bei denen ich erfolglos
nach Geborgenheit suchte.
Nicht eine wollte mir geben,
was mein Herz ersehnte.
Und doch denke ich auch heute
noch gerne an sie.
Und Dich hatte ich vergessen!
Du warst doch meine Mutter.
Du warst die Frau,
die mir einst das Leben geschenkt hat.

Vater

Ich sehe in die Augen
eines älteren Mannes,
sehe seine Züge.
Und ich denke an Dich,
mein Vater.
In allen alten Männern sehe ich Dich.
Und ich will so wenig,
dass Du im Alter alleine bist!
Aber was kann ich Dir geben?
Woher?
Was kann ich Dir sein,
als eine Tochter,
auf die Du stolz sein willst
in der Ferne?
So gerne würde ich da sein für Dich.
Aber es fehlen die,
von denen ich hätte lernen können.

An meinen Vater

Ich fühle mich gefangen
in einer viel zu traurigen Geschichte.
Draußen scheint die Sonne,
und ihre Strahlen erreichen mich nicht.

Ich will in eine andere Welt,
will vergessen,
endlich leben,
endlich frei sein von was mich tötet,
denke ich.

Und ich laufe, laufe…
irgendwohin,
weit weg von den Menschen,
die wichtig sind in einer Vergangenheit,
viel zu dunkel in meinen Gedanken.

Irgendwann fühle ich mich befreit.
Ich kann klarer sehen,
auch Dinge, die ich nicht kannte.

Aber dann falle ich auch schon in ein Loch,
viel tiefer und fremder,
als mir vertraut.

Und ich habe Angst, solche Angst,
so sehr.
Ich versuche mich vergebens zu klammern an
von was ich mich lösen wollte.

Es erscheint mir
umso vieles heller, lebendiger,
als die Dunkelheit,
die mich jetzt erfüllt.

Und Du,
vor dem ich weglief,
erscheinst mir wieder als das Wichtigste auf der Welt
wie zu Zeiten,
als meine Gedanken lange noch nicht
dunkel waren.

Armut emotional

Was ist Armut;
was bedeutet Reichtum?
Reichtum ist Lebensqualität,
Lebensfülle.
Wie viel weniger Fülle,
wie viel weniger Leben,
wie viel weniger sehen, fühlen
von all dem Reichtum um uns
ohne eine Mutter?
Wie viel weniger Wärme, Geborgenheit, Nähe,
wie viel weniger Lebensnähe?
Farbe?
Ja, ich sehe eine Menge Farben,
nur kann ich sie nicht benennen.
Fülle, Vielfalt?
Chaos, Verwirrung!
Viele Wege, viele Möglichkeiten?
Und am Ende doch nur ein Treiben
in eine Richtung,
in eine Richtung in Armut?
Wie viel reicher wäre die Welt
mit einer Mutter!?
Wie viel mehr Sinn
würde in allem stecken?
Ein Leben als Bettler,
bettelnd um Vertraulichkeit, Nähe.
Jeder liebevolle Blick ist kostbar.
Gibt es einen Weg,
dieser Armseligkeit zu entfliehen?
Jeder Weg aus Armut ist schwer!

Nur geträumt

Von Plänen erfüllt,
alles ins Himmelblau gehüllt,
ab und zu niedergeschlagen.
Das Wirkliche ist anstrengend,
wenn man nur träumt.
Wirkliche Konflikte garnicht bemerkt,
und wieder geträumt.
So den Nachtträumen näher als dem Tag
und der feste Glaube daran,
dass das Leben irgendwann
so lebendig und bunt sein wird,
wie in den Träumen.
Schwebend in Illusionen gewogen,
etwa an interessante Begegnungen,
Momentbekanntschaften.
Hat mich je einer von ihnen
Freund genannt?
Was können sie mit einem Träumer anfangen,
außer sich in seiner Bewunderung zu sonnen?

Gaben sie sich Mühe,
mich in ihre Welt zu holen?
Wohl enttäuschend das Gefühl,
jemanden nicht fassen,
nirgendwo einordnen zu können,
nicht in einer Welt mit ihm zu sein.
Träume sind schöner
oder schrecklicher als die Wirklichkeit,
aber wohl nie wird man fühlen,
wie im Traum.
Nirgendwo sonst als hier
ist das Leben.
Sonst?
Nur in Gedanken auf einer abstrakten Ebene.
Darüber?
Sind noch abstraktere,
wirklichkeitsfremdere Ebenen.

Erinnere Dich

Unzufriedenheit, Leere,
Bewegungslosigkeit.
Keine Lust auf irgendwas?
Nicht verurteilen,
von was Du glaubst,
dass es Dich lähmt,
distanzieren! Und belächeln.
Erinnere Dich!
Erinnere Dich an das,
was Dich zum Lachen brachte,
Dich bewegte.
Denk an die Menschen,
in deren Gegenwart
sich die Welt für Dich veränderte.
Und sieh,
wie jung Du noch bist.
Immer wieder wird es so sein.
Nur gib Dich nicht dem Gleichmut hin.
Verlier Dich nicht in der Vielfalt
von Nirgendwas.
Früh genug wirst Du so alt sein,
wie Du Dich gerade fühlst.
Gib nicht Freude und Hoffnung auf.
Die Lebensuhr könnte sich danach richten.

Was bleibt?

Wie erschreckend kurz
ist eine Woche
im Vergleich zur Ewigkeit?
Und wie voller Lebensfülle
sind doch am Ende diese Wochen,
in denen wir
nichts Überraschendes erwarten?
Und vielleicht erst,
wenn sie vorüber sind,
spüren wir,
wie sehr sie uns berührt,
welche Fülle sie hinterlassen haben.
Sind sie es nicht,
die in unserer Erinnerung mehr zählen,
als was voraussehbar war?
Sind wir nicht wie die Tiere –
gerade was uns berührt,
was unser Leben ausmacht,
können wir so wenig beeinflussen?
Und von uns
soll irgendwas bleiben?

Suche nicht

Wo Du auch hingehst,
nach was Du auch suchst –
Du wirst es nicht finden,
nicht, solange Du suchst
mit den Sinnen,
die Dir die anderen gegeben haben.
Nicht Du wirst entscheiden,
wann Dir begegnet,
nach was Du Dich sehnst,
und ob es Dir begegnet,
irgendwann in dieser Welt,
und was Dir anderes begegnet.
Und was Du letztendlich finden wirst,
ist vielleicht nicht,
nach was Du gesucht hast.
Aber vielleicht ist es besser.

Etwas mehr Vollkommenheit

Die Träume und Wirklichkeiten
scheinen miteinander zu verschmelzen,
immer mehr.
Und erst die Träume schaffen
eine vollkommene Welt,
eine Lebensfülle,
wie ich sie nur in der Wirklichkeit alleine
nicht finde.

Träumerin

Ihr habt gesagt,
Sie ist eine Träumerin,
und sie solle aufwachen.
Und ich wusste,
ich war eine Träumerin,
konnte meine Illusionen
von der Wirklichkeit unterscheiden.
Heute weiß ich nicht mehr,
dass ich träume,
kann eure Wirklichkeit
nur immer schwerer begreifen.
Und ihr sagt,
sie passt nicht in diese Welt.

Illusionen

Was hat Dir so
den Boden unter den Füßen genommen,
dass Du Dich an die Liebe klammerst,
wie an einen Notnagel?
An die Liebe,
die Du erblickst in ihr,
einer Frau.
Du läufst ihr nach
und weißt nichts von ihr,
dieser Frau.
Aber willst Du denn wirklich wissen,
wer sie ist?
Läufst Du nicht diesem Bild nach,
das ist, wo sie ist,
diesem Bild,
das Dich am Leben hält?

Ein wunderschönes Land

Ab und zu finde ich etwas,
eine Atmosphäre etwa,
ein Land,
wo die Bäume auf besondere Weise grün sind,
die Blumen in der Abendsonne
in einer Farbe tief vertraut leuchten,
eine faszinierende Farbe.
Dann fühle ich mich erinnert.
Und ich kann wieder ein Land erahnen,
was noch schöner ist, vertrauter,
ein Land,
nach dem ich immer schon suche.
Es scheint, ich wusste längst darum,
was ich entdeckt.

Vielleicht soll es mich nur erinnern
an das wunderschöne Land in mir,
das es nirgendwo sonst gibt,
von dem ich nicht weiß,
und schon garnicht,
warum es ist, wie es ist?

Oder ist jeder Ort dieser Welt
voll so maßloser Tiefe und Schönheit,
dass wir darin ertrinken
und nie mehr auftauchen würden,
könnten wir ein wenig mehr davon probieren?

Tiefe Geborgenheit würde uns berauscht machen,
und wahrscheinlich würden wir Jahre brauchen,
um wieder normal leben zu können,
mit den Grenzen
und maßvollen Freuden?

Lichter

Lichter,
die ein Stück Geborgenheit schenken.
Heimat dort,
wo so ein Licht ist.
Schon Streiflichter schenken so viel Leben,
machen, dass alles um mich
an Intensität gewinnt,
lebendig wird,
so dass es tief in mir
Kontur bekommt.

Immer wieder Lichter,
die von Menschen zu mir herüber scheinen.
Und ich weiß nicht,
woher kommt dies Licht?
Weiß soviel wie nichts
über den Menschen,
von dem es kommt.

Wie ist das mit Jesus?
Vor so langer Zeit hat er gelebt.
Und immer wieder erreicht sein Licht Menschen
mit solcher Kraft,
und schenkt Geborgenheit,
Leben –
so sagen die, die es gespürt haben.
Ein heiliges Licht.
Und durch seine Worte
bringt er sich den Menschen so nahe?
Macht verstehen,
was dies Licht ausmacht?
Zurück bleibt kein Unverständnis;
alles offenbart sich durch die Bibel.

Was zählt eigentlich mehr,
der Mensch
oder das Licht?

Wirklichkeit

In meiner Erinnerung
konnte ich die Wirklichkeit einmal riechen.
Sie roch
wie Bohnerwachs auf altem Fußboden,
wie Nebel über feuchter Wiese,
wie Flieder,
wenn die Luft heiß und schwer ist,
wie Eis durch warmen Atem.
So viele Gerüche noch,
die ich nicht mit Worten beschreiben könnte.
Wie riecht sie bei Dir, die Wirklichkeit?
Diese Gerüche leben weiter,
manchmal in meinen Träumen.
Sind sie nicht wahrhaftiger,
als was ich jetzt lebe?
Warum fällt es mir heute so schwer,
die Wirklichkeit zu riechen?

Die richtigen Momente

Es gab sie,
die richtigen Momente
zur richtigen Zeit,
und Zeit war immer nur begrenzt.
Und ich hatte Angst
und habe gezögert.
Was hätte ich verlieren können,
hätte ich mehr riskiert?
Es gab Momente genug,
und die Zeit war immer richtig!
Und irgendwann ist keine Zeit mehr
für das normale Risiko.
Nicht,
weil ich mir keine Zeit mehr gebe,
sondern weil ich keine Zeit mehr habe.

Fern aller Normen

Wenige Menschen,
wenige Frauen,
hatten den Mut,
ein außergewöhnliches Leben zu führen,
scheinbar fern aller Normen.
Sie sind oft nicht alt geworden.
In meinen Gedanken
führe ich ein exaltiertes Leben.
Gedanken offenbaren mir,
wie schön und reich die Welt,
wie voller Möglichkeiten,
fern aller Normen.
Voller Gedanken
an diesen Reichtum
passe ich mich doch an,
wo es nur geht,
an Normen,
die mir so fremd,
schwer bei diesen Gedanken.
Werde ich alt?

Illusion von Abenteuern

Warum bin ich, wo ich bin?
Und warum bin ich nicht zufrieden,
nie zufrieden?
Keine Ruhe in diesem Leben.
Aufregend, viel riskiert,
sagen die anderen.
Was denn riskiert,
was wissen denn sie?
Ab und zu das Gefühl,
dass alles zu entgleisen droht.
Und es will sich keine Befriedigung einstellen,
nur das Gefühl von Machtlosigkeit,
weil mir die Richtung so fremd,
die mein Tun bewirkt.
Wollte ich denn nicht in die Richtung,
die ich dann gegangen bin?
Es erforderte weniger Mut,
in irgendeine Richtung zu gehen,
als in die,
in die ich wirklich wollte.
Viele Richtungen hatte ich gewählt,
viele Abenteuer,
die im Grunde keine waren.
Hatten sie nicht den Sinn,
die Angst nicht zu fühlen,
die mich zögern ließ,
wirklich zu leben,
was ich wollte?

In Freiheit

Zu lange abhängig,
zu lange unselbständig.
Um diese Jahre betrogen?
Von wem betrogen,
um was?
Was wäre anders gewesen, wenn …,
ja wenn mich niemand betrogen hätte?
Wäre alles anders gekommen?
Schwer, in dieser Dimension zu denken.
Wie lange bleibt mir am Ende,
eine Selbständigkeit zu leben,
eine Freiheit,
mein Leben zu entscheiden,
die ich noch lange nicht erreicht habe?

Irgendwann muss man
Widerstand leisten

Sie passte sich an,
lange Zeit,
so sehr,
dass sie alles,
was die anderen taten,
was sie ihr erzählten
für so wichtig nahm,
dass sie dem nichts entgegensetzte.
Sie war kein Widerstand für irgendwen.

Zu verschieden war,
was die anderen taten,
was sie erzählten.
Und es war verwirrend für sie,
alles wichtig zu nehmen,
und es brachte sie niemandem näher,
schon garnicht dem,
was sie suchte,
etwas, was sie nicht benennen konnte.

Fast war sie ganz erstarrt,
so schwach das Leben in ihr,
das rebellierte.
Als ihr ein Zufall half.
Lebensrettend?
Und sie hatte fortan keine Lust mehr,
sich auf diese Weise zu unterwerfen.
Sie fing an, an allem zu zweifeln,
stellte alles infrage.
Nichts schien mehr wirklich wichtig,
was die anderen taten.

Sie löste sich von ihrem Einfluss.
Und war mit einem Mal allein.
Sie hatte keine Wahl –
es gab nur ein Ganz oder ein Garnicht,
kein Dazwischen,
nicht für sie.
Noch nicht.

Sie begann, sich zu verlieren
in den Dingen um sich,
spürte das Leben.
wie es alles bewegte,
sah tausend Farben.

Es war nichts,
was ihr Halt gab
in dieser Wahrheit,
die sie nur erahnte,
nichts, was ihr einen Weg zeigte.

Irgendwann suchte sie nicht mehr nach diesem Weg.
Sie tauchte ein
in das stille Rauschen des Lebens.
Alles von Menschen gemachte
erreichte sie längst nicht mehr.
Sie schwebte mit diesem Rauschen
und mit dem Wind
irgendwohin…
und schien sich darin zu lösen,
ohne es zu merken.
Irgendwann konnte sie nicht mehr atmen.
Was war passiert?
Konnte sie nicht einmal der Luft Widerstand leisten?

Ich möchte in diese Welt gehören

Sein und doch nicht sein,
hier und doch nicht hier;
ein Stück entrückt
nach nirgendhin.
Menschen erdrücken mich
mit ihren Blicken,
mit ihrem Dasein.
Sie sind mir fremd
und doch viel zu nah.
Und ich wandle, schwebe,
zwischen ihnen,
Nicht wirklich.

Und ich schwebe
seltsam bodenlos
zwischen Hochgefühlen,
die vor Freude weinen lassen,
und manchmal die Illusion wecken,
alles verstehen zu können,
Hochgefühle,
die tiefe Ruhe schenken,
Zufriedenheit.
Und Niedergeschlagenheit,
die alles infrage stellt,
an allem zweifeln lässt.
Gefühle,
die keinen Boden finden,
nicht in dieser Welt.

Du nimmst Dir Zeit für mich,
nicht für lange,
und ich fühle ein Stück
den Boden unter Dir.
Du bist hier,
nirgendwo sonst.
Und für Momente
holst Du auch mich in diese Welt,
bis Du gehst
und vielleicht nicht wiederkommst,
weil Du spürst,
dass unsere Welten zu verschieden sind
und nicht weißt warum.

Wenn ich doch nur auch immer *hier* sein könnte!

Eine Art Lebensphilosophie

Etwas hat irgendwann Deine Welt zerstört,
und Du musst suchen nach etwas,
was sie wieder heil macht.
Gibt es etwas,
was sie erschüttert hat,
gibt es auf dieser Welt auch etwas,
was sie wieder ganz macht.
Vielleicht nur ein Lächeln,
eine Stimme.
Also musst Du suchen,
bis Du zurückkehren kannst,
nach – woher Du gekommen bist,
oder auch nicht.

Immer mehr Bilder,
immer mehr Farben
und keine Antworten
lassen Dich vielleicht fast zerbrechen.
Und wenn Du denkst,
es ist soweit,
Du drehst durch,
Du verlierst Dich im Chaos,
entsteigst Du neu und heil,
Dir fast fremd.

Warum gehe ich rückwärts?

Immer wieder zufällig
treffe ich Menschen,
die mir früher wichtig waren.
Immer weiter zurück
liegen diese Begegnungen.
Und ich mag sie wieder –
Freunde von einst,
sehe sie mit den Augen von damals.
Sehe sie,
wie ich sie seit Ewigkeiten
nicht gesehen habe.
Einst vertraute Menschen kommen,
und sie kommen wie einst.
Wo werde ich ankommen?

Ich hab beschlossen, Frau zu werden

Ich hab beschlossen,
Frau zu werden.
Weiß nicht,
warum jetzt, nicht viel früher
und so plötzlich?
Ich werfe endlich die Klamotten aus dem Schrank,
die viel zu lange drin hängen.
Ich weiß jetzt,
dass ich sie nicht mehr tragen werde.
Meine Schuhe sind zu flach,
allenfalls gut genug,
um an den Strand zu gehen.

Ich will nicht mehr wie ein Vagabund
in der Gegend umherstreifen,
will mich nicht mehr wie ein scheues Tier
hinter Büschen verstecken,
oder schamhaft auf den Boden sehen,
wenn eine Frau,
blühend in Weiblichkeit,
sich mir nähert.

Ich will nicht mehr Unendlichgespräche
um Zweifel führen,
die diese Antwort haben.
Jetzt will ich Frau werden.

Und ich will meine Freunde
endlich akzeptieren als was sie sind.
Sie sind mehr
als Nicht-Frauen-Neutrums,
ungefährlicher als Frauen.
Sie sind Männer,
nicht mehr und nicht weniger.
Keinen von ihnen kannte ich wirklich.
Ob sie mir nochmal verzeihen können?

Schein und Sein

Jeder scheint etwas anderes,
als was er in Wahrheit ist.
Ich bin nur
bis zu Deinem Schein vorgedrungen,
Deinem berauschenden, gewaltigen Schein,
und gedenke Deiner,
als würde ich Dich kennen.

Momente

Es gibt so Momente,
da könnt ich sterben.
Eingebettet in Fülle,
ohne viele Gedanken.
In anderen könnt ich' s nicht,
auf keinen Fall!

Stadt der Träume

Zuhause überall,
wo man verliebt ist;
vertraut und warm ist es dort.
Wie viel Leben steckt in allem,
welche Welt steckt in einer Stadt.
Ein Park erzählt mir
aus seiner Vergangenheit.
Alles kommt ganz nah zu mir,
fast fühle ich seine Geschichte.
Erinnerungen aus tausend Kinderträumen
vermischen sich
mit den Bildern dieser Stadt.
Wie schön sie ist, diese Stadt.
Und für Momente glaube ich,
dass dies die Stadt sein muss,
in der ich schon immer leben wollte.

Und Du gehst in eine Stadt,
weil die Stadt so reich ist
an allem,
sagst Du.
Aber was Du auch siehst,
und auch wenn Du sagst,
es ist schön;
kann es Dich wirklich erreichen?
Vielleicht irgendwann
verliebst Du Dich
in dieser Stadt,
und dann wirst Du wissen,
warum Du dorthin gegangen bist.
Und alle Kälte vergeht,
und es wird wärmer werden.

Suchen nach einem Platz in dieser Welt

Was ist wichtiger,
als zu suchen nach Gemeinschaft,
nach Herzen, die Geborgenheit schenken,
Menschen, die verstehen wollen?
Wie kann man Zuneigung ablehnen?
Verschenkt die Zeit,
in der man irrt
und nicht weiß,
wonach man suchen soll.
Wenn man weiß,
was man möchte,
aus tiefstem Herzen –
kann man es von jedem bekommen?
Und was ist dann aufregender,
als einen Menschen zu finden,
für den man bedingungslos Zärtlichkeit empfindet?
Was ist dann aufregender
als dieser Mensch?

Explosion

Manchmal spüre ich eine erdrückende Enge;
manchmal überwältigt mich Sehnsucht.
Ich sehe irgendwo fern ein Leuchten
und möchte nur noch dorthin.
Und manchmal wünschte ich,
dass alles, was so drückt,
explodieren möge,
endlich explodieren möge.
Und entweder, ich explodiere mit,
oder genieße die Freiheit,
die erfrischende Klarheit,
wenn es fast nichts mehr von dem gibt,
was es gab.

Aus der Tiefe dieser Welt

Du standest dort auf der Bühne.
Ich sah wie die anderen zu Dir hinauf,
sah Dich dann wirklich an,
ließ mich fesseln davon,
wie Du Deine Emotionen hinausschriest;
fühlte sie auf meiner Haut,
wissend um tiefe Wahrheiten,
als könnte ich sie erahnen durch Dich.
Es war,
als hättest Du die Seele des Meeres gesehen.
Nimm mich mit in die Mitte dieser Welt.
Es war,
als könnte ich es fühlen,
Dein (einsames) Unglück.
Es trieb mir Tränen in die Augen
für Momente.
Dann ließ es mich erstarren.
Ich sah Dich immer noch an,
aber nicht mehr wirklich.
Du warst immer noch emotional,
wenngleich trauriger,
unerreichbarer für die,
die Dir zujubelten.
Ich konnte nichts mehr fühlen
von all der tiefen glücklosen Wahrheit,
nichts mehr denken,
konnte in Apathie verfallen,
mich nicht mehr von der Stelle rühren.

Von der Unfähigkeit,
glücklich zu sein wie andere?

Schon viel zu sehr in den Taumel des Glücks geraten,
schwebe ich bodenlos,
lächelnd ins Nirgendwo.
Verzeih mir,
wenn ich vor Deinem liebevollen Lächeln
zurückweiche;
aber noch mehr Glück wäre einfach tödlich.
Ich würde sterben für diese Welt,
ohne dann wirklich tot zu sein.

Es muss werden

Ich komme irgendwohin, in eine fremde Welt,
will sofort, dass alles passt,
dass ich mich gut und anerkannt fühle,
dass ich wie selbstverständlich
dazugehöre,
sobald ich mich rühre.
Ich sehe, dass es nicht ist,
sehe nur, dass ich wie eine Ausgeschlossene wandle.
Wenn ich doch nur begreifen würde,
dass alles erst werden muss.

Würde ich dann zurücksehen,
sähe ich auch,
dass es gut geworden wäre, spannend und voll,
wäre ich geblieben,
einmal irgendwo geblieben.

Niemandsland

Zwischen diesem und dem anderen Zimmer,
in das ich morgen ziehen werde,
sitze ich im Niemandsland.
Zwischen diesem und dem anderen Land
schwebe ich bodenlos,
kann mich nicht hier noch dort einlassen,
solange ich nicht weiß,
wohin ich gehören möchte.
Ich weiß nicht, wohin ich gehören möchte,
solange ich mich nicht einmal entscheide zu bleiben.
Und sind es nur Tage – wer weiß das vorher?
Ich sehe aus dem Fenster
und denke an die andere Wohnung,
sehe auf die gegenüberliegende Fensterfront,
die mir einmal so gefiel
mit ihren Holzbalkonen und wandelnden Schatten,
und ich sehe eigentlich schon nichts mehr,
fühle mich nur verloren.
Immer wieder dieses Gefühl, das mich begleitet,
solange ich denken kann.

Denken und Reden

Geredet, gedacht,
geredet, gedacht…
Und ich weiß garnicht mehr, was ich will,
fühle nichts mehr,
habe mich von mir
und allem, was ich glaubte,
was wichtig für mich ist,
entfernt,
und bin nur noch verwirrt.
Ich will nicht mehr denken und reden,
und wieder denken und reden,
oder sogar mehr reden als denken.
Und vor allem nicht denken
und reden über Dinge,
die noch garnicht passiert sind.

Worte können Schönheit zerstören,
können Farben, Musik zerstören.
Worte können Gefühle zerstören.

Aber Worte können doch auch gut sein?.

Die Blutbuche

Warum fälltest Du den Baum, den Du am
schönsten fandest,
der am herrlichsten strahlte und dessen Anblick
alle erfreute?
Er stand da mit seinen roten Blättern im
Sonnenlicht,
die auch an trüben Tagen leuchteten.
Und mit ihm war diese Atmosphäre,
nicht von Dieser Welt,
oder doch von dieser Welt, so wunderbar,
nur mit ihm.
Der Schmerz ist kaum zu ertragen, es gibt keine
Worte,
nur noch verlorene Blicke ins Nirgendwo.
Du nahmst ihn und alles, was mit ihm war.
Warum tatest Du das?
Du sagst, es tut Dir auch weh,
aber warum dann fälltest Du ihn?
Genau wie die alten Kiefern,
die seit Jahren sich wogen im Wind.
Viel zu lang gewachsen waren sie.
Und mit ihnen war so viel…
und das Meer.
Ich verstehe es nicht, warum Du diese Schönheit
nahmst.

Und ich erinnere mich, wie Dein Blick immer
auf das fiel,
was Dir und anderen am meisten bedeutete.
Du nahmst es heraus und machtest es kaputt,
ganz gezielt. Es gab so viele Dinge,
die Dir und anderen weniger bedeuteten.
Aber warum mussten es immer die Kostbarsten
sein?
Es tat Dir selber leid, dass Du den Baum gefällt,
den Du am meisten hast bewundert.
Ich verstehe es nicht.
Es tut mir nur so weh um die geliebten Dinge,
die wundervollen Bäume, um mich,
und vor allem um Dich,
und ich verstehe es nicht.
Warum tötest Du, was Du liebst?

Reifungsprozesse

Hab keine Angst,
auch wenn Du manchmal an Dir zweifelst,
und auch die anderen Dich darin bestärken.
Sie können nicht an Dich glauben, weil Du es nicht
kannst.
Nur selten kommt jemand, der Dir Mut zuspricht,
weil er das Spiel durchschaut.

Vielleicht kommt mal eine Zeit,
in der Du denkst,
Du zerbrichst,
verlierst Dich,
wirst krank.
Hab keine Angst,
das Leben lässt niemanden so schnell untergehen,
wie Du zuweilen glauben magst.
Und Du wirst einmal dankbar sein
für diese Zeit.

Denn irgendwann geht es vorbei, wirklich vorbei,
und Du wirst vor etwas Neuem stehen,
etwas nie Erahntem,
und nichts wird mehr sein, wie es war.
Und Du wirst nie mehr zurückgehen wollen.

Anders kommunizieren gelernt

Die Welt, die Du kennst, ist eine andere.
Für Momente sehe ich in sie hinein,
durch Dich, durch ihn.
Es ist eine Welt,
wie ich sie nicht kannte,
und doch ist es,
als ob ich immer von ihr wusste.
Und sie erscheint mir reicher,
als was ich selbst kennengelernt habe.
Für Momente bin ich mit Dir.
Du lachst mir ins Gesicht,
erzählst mir einfach so irgendwas.
Und ich bin fasziniert,
und kann Dir doch nicht nah genug kommen
auf die Weise, wie ich es mache.
Du bist so dicht bei mir,
und doch ist mir keine Kommunikation möglich,
die mich Dir näher bringen würde.
Und es beginnt, weh zu tun,
und es scheint, ich muss in meiner Welt bleiben.
Aber ich kann nicht mehr so leben wie bisher,
nicht, nachdem ich Euch getroffen habe.

Die schöne Wohnung

Und da war sie,
vor mir lag, nach was ich suchte,
was ich wollte,
die Wohnung im Grünen,
mitten in der Stadt,
Neubau, so wie es mir früher gefiel.
Die Altbauversessenheit kam von den anderen,
nicht wirklich von mir.
Ich mochte immer diese Art von Neubau,
mit den großen Fenstern,
den niedrigen Decken.
Und nun diese Wohnung,
mit zwei Balkonen,
jeder zu einer anderen Seite.
Und der Blick ins Grüne.
Ich sah diese Wohnung.
Es war die letzte von über 50,
die ich mir angesehen hatte.
Und ich hatte mich eigentlich schon entschieden
für eine andere Wohnung,
einen wirklichen Kompromiss,
weil ich müde war,
weiterzusuchen.
Ich hatte mich schon entschieden,
als ich in die Wohnung trat,
die dort war,
wo ich mir ganz zu Anfang vorstellte,
wohnen zu wollen.
Aber es war noch alles vom Vormieter da.
Schreckte mich dieser Blick?

Und doch wirkte sie so hell.
Noch schöner waren dann die Bilder,
die kamen, als ich auf dem Weg zurück
in meine alte Wohnung war
und mir vorstellte, dort zu wohnen.
Ja, dies war wirklich die Wohnung,
nach der ich Monate vergebens gesucht hatte.
Aber ich erkannte es nicht sogleich,
war in Gedanken an anderes,
so sehr, dass mir fremd war, was ich sah,
und ich zögerte und zu viele Bedingungen stellte.
Und als ich endlich begriff, dass es diese Wohnung war,
die ich wollte und begann,
mich überschwänglich zu freuen,
war sie auch schon an einen anderen vergeben,
der sie sofort nahm, ohne zu zögern,
oder Bedingungen zu stellen.
Es kam zu unerwartet.
Und ich nahm letztendlich den Kompromiss,
an dem ich mich innerlich festgehalten hatte.

Nur langsam tauschen die Träume

Geleitet von alten Idealen –
wo treiben sie mich hin?
Sie passen nicht länger in diese Welt,
und …
was weiß ich von ihr,
hab ich schon irgendwas von ihr begriffen?
Meine Gedanken machen sie zu etwas,
was sie nicht ist,
zu etwas, in die noch passt,
was ich einst wollte,
obwohl es langsam an Sinn verliert.

Und ich komme nicht zur Ruhe,
frag mich, warum
ich den Boden unter den Füßen nicht finden kann.
Wie in einem Vakuum
sehe ich ins Nirgendwo,
habe Angst, weiß nicht wovor.

Meine Hoffnungen, sie müssen tauschen.
Sie waren einmal wichtig,
in einer Zeit,
die schon nicht mehr ist,
und die ich vielleicht auch nie verstanden habe.
Allein, es ist nicht mehr wichtig.

Sehnsüchte

Desillusionen
nehmen mir die Luft zum Atmen.
Ich kann nicht mehr leben,
habe zu viel gesehen,
meine, von allem zu wissen.
Keine Neugierde,
keine Lust auf irgendwas,
meine, alles schon zu kennen.

Irgendwann kann ich wieder atmen,
habe doch nur ein Foto angesehen?.
Auf einmal ist sie wieder da,
die Sehnsucht nach etwas,
was ich glaubte, gesehen zu haben.
Es ist wieder,
als würde ich es nicht kennen,
als wüsste ich nicht wirklich etwas davon.

Wie viele Leben hat man?
Wie viele Male werden einem neu die Augen
geöffnet,
als hätte man vorher in einer anderen Welt gelebt,
als hätte man in einer Welt gelebt,
von der man fast nichts mehr weiß?
Und wem man auch begegnet,
es wird nicht reichen, sich an die alten Bilder zu
erinnern.

Sieben Leben hat die Katze

Welche Ironie,
Du bist einen Weg gegangen,
auf dem du dich immer mehr unterlegen gefühlt hast.
Warst aus irgendeinem Grund schon früh gebrochen?.
Die Dinge nahmen eine bestimmte Farbe an,
und irgendwann gab es kein zurück.
Ab und zu schien,
was Dich umgab klarer und heller.
Und Du meintest dann,
andere würden die Welt so
wohl die meiste Zeit sehen.

Dann kommt wirklich eine schlechte Zeit, eine
‚Durststrecke‘.
Du wusstest, es gibt diese Zeiten,
wusstest es zuletzt aus dem Leben deiner Freunde.
Aber ging es ihnen auch so elend?
Es scheint, sie können besser damit umgehen.

Nun überlege ich, welche Farben meine Welt im
Moment hat
und weiß dabei nicht einmal,
was überhaupt meine Welt ist.
Fühle mich immer noch unterlegen,
unterlegener?

Ich träume davon, neu geboren zu werden,
in Klarheit, Schönheit, Leichtigkeit.
Welche Ironie,
sich eine Welt zu konstruieren
und dann zu glauben,
irgendwann in eine bessere Welt geboren zu
werden,
einfach so.
Als eine zweite Chance sozusagen
oder eine dritte oder vierte.
Aber eine Katze hat doch auch sieben Leben?

Nie werden wir erblicken,
worüber Gott weiß

Alle Dinge auf dieser Welt
sind ganz schön und ganz schrecklich zugleich.
Die Schönheit, die in dem steckt, was um uns ist,
können wir nie erfassen.
Ab und zu weht ein Hauch davon herüber,
berauschend faszinierend,
und wir fühlen uns berührt von einer Ahnung.
Würden wir die Schönheit in ihrer ganzen
Dimension spüren können,
was uns nie möglich ist,
würden wir nicht länger auf dieser Welt leben
können.
Von vorneherein sind uns Grenzen gesetzt.
Manchmal sieht jemand ein wenig über diese
Grenzen hinweg,
blickt tiefer in die Schönheit oder tiefer in den
Abgrund.
Und so entfernt er sich ein Stück von denen,
die dies nicht erschaut haben.
Mag er sich auch erhaben fühlen,
das Leben in dieser Welt wird es ihm kaum
erleichtern.

Die Pflanze

Sie neigt gierig sich zur Sonne,
schlecht gewachsen ist sie,
viel zu schwere Blätter an zarten Zweigen.
Man muss sie öfter drehen,
damit sie sich nicht ganz verbiegt,
zur Sonne hin,
so dass die schweren Blätter
letztendlich auf dem Boden liegen
und der viel zu dünne Stamm mit seinen Zweigen
es nicht mehr schafft,
sich wieder aufzurichten.
Nein, man muss sie ab und zu mal drehen …
Dann irgendwann
wurde der Stamm fester,
die Zweige fanden Halt an ihm,
sie neigten sich nicht mehr,
standen aufrecht,
wie die Blätter, aufrecht,
der Sonne trotzend …
Hätten sie sich ihr ganz hingegeben,
wäre die Pflanze jetzt verloren.

JAHRESZEITLICHE REFEXIONEN

Erste Sonnenstrahlen

Der Himmel öffnet sich für einen Moment nur,
Sonnenstrahlen dringen hindurch,
erreichen die Stadt,
Häuserwände, Bäume, Wege,
verleihen ihnen erneut Farbe,
Ausstrahlung,
nachdem sie lange verblasst ruhten.
Passanten fühlen sich geblendet,
Augen leuchten,
Kinder lachen,
Straßenbahnen und Fahrradklingeln
klingen anders.
Gierig saugt der Boden die Strahlen auf,
ohne die er nichts Neues hervorbringen kann.
Und wieder wird das Leben erwachen,
jedes Jahr anders.

Noch ist Sommer

Spielende Kinder
kreischen auf der Straße
bis spät in die Nacht hinein.
Wissen sie um den vergehenden Sommer?
In Geborgenheit
werden sie auch den Winter
nicht missen wollen.

Ein leichter Windhauch
wiegt feuchte Wäsche
in der noch trockenen, warmen Luft.
Noch wärmt die Sonne
die wenig bekleideten Körper.

In allem Lebendigen ist Leichtigkeit,
so viel in den Gesichtern der Menschen,
die den Ernst in ihren Zügen
während des Sommers
in ein Lächeln getauscht haben.
Lächeln, wie Liebe und Leben,
und so viel Leichtigkeit in ihren Bewegungen.

Die Kühle in den Schatten
kündet schon vom nahenden Herbst.
Wie schön doch der Sommer,
wenn er vergeht,
wenn alles Schöne,
was sich während dieser Zeit
heimlich ins Bewusstsein geschlichen hat,
so gegenwärtig wird.
So kurz die Zeit,
sich an den Sommer zu gewöhnen,
und sich von ihm zu verabschieden.

Noch steckt so viel Leben in allem,
noch ist alles üppig grün.
Schwer vorstellbar,
wie bald alles vergehen wird.
Aber schon werden die Morgen frischer
und die Abende kühler.

Fast nie

Es kann nicht immer alles schön sein.
Wir träumen davon,
träumen…
Ein Sommer, so traumhaft klar.
Es ist nicht immer Sommer.
Und es ist nicht immer so ein Sommer.
Wir gehen,
weil wir erwarten,
weil wir träumen.
Aber,
es kann diese Sommer
nicht öfter geben.
Es gibt sie nicht öfter,
auch wenn wir noch so weit gehen.

Gedankenverloren (November)

Aus dem Fenster sehe ich
ins Leere.
Augenblick,
ich habe den Bezug zu Dir verloren.
Gedanken lösen sich auf,
leicht,
sie ziehen zu lassen,
schwerer,
sie zu halten,
leicht,
nicht fühlen,
nicht denken zu müssen.
Ich spüre,
der Abstand zu allem Fassbaren wird größer.
Aber Halt!
Die Welt ist zu schön, zu reich,
als sie nicht fühlen zu wollen.
Kraft ist nötig,
den Abstand aufzuheben,
Freude für die Seele auch.
Seele, verkriech Dich nicht,
lass nicht alles sich auflösen,
hol die verlorenen Gedanken zurück!

Wintersonne

Alles liegt still
unter dunkelblauem Himmel
die leblosen Körper der Bäume
in einem seltsamen Licht.
Ihre Schatten in der Mittagssonne
sind so lang
wie an einem Sommerabend.
Wohin hat sich
das Leben in ihnen zurückgezogen?
Wind bläst,
und was bietet ihm noch Widerstand?
Trockenes Laub raschelt
irgendwo rhythmisch,
allein für sich, tot.
Ich stampfe über den grauen Rasen,
und es stört mich nicht.
Es regt sich nichts, Stille.
Und ich höre nur das Rauschen des Meeres
hinter dem Wäldchen.

Ich will in diese Welt gehören

Sehnsucht nach großen Gefühlen.
Wellen brechen sich mit Wucht und viel Geräusch,
Wasser bohrt sich in den Grund,
zieht den Sand ins Meer.
Mächtige Buchen
wiegen sich rauschend
unter tiefem grauen Himmel.
Sturm und Donnergroll,
harter prasselnder Regen
belebt und erfrischt die Luft.
Natur, rede!
Zuhören will ich Dir.
Hol mich in diese Welt!

Zu eng (Januar)

Alles ist so klein, eng.
Ich möchte wieder mal
ein wenig mehr ins Universum sehen.
Kleinmütiges Reden macht alles noch schlimmer.
Kein Entrinnen,
dunkel verstrickt, destruktiv.
Ich werde zur Hexe.
Nein,
so wird man das Universum
nicht spüren können.
Raus aus dieser Enge!
Aber wie?
Ich sehe nichts mehr!
Dunkle Wolken ziehen vorüber,
ab und zu ein leichter Regen.
Irgendwo ruft ein Rabe
aus voller Kehle, dunkel krächzend,
so dominant!
Wo fliegen sie hin im Sommer?
Hat je ein Rabe gerufen im Sommer?

Berlin im Februar

Lange U-Bahnfahrten, graue Straßen,
Kälte, lieblose Blicke.
Es scheint,
diese Stadt nimmt mir meine Freude,
meine Lust, meinen Glauben,
nimmt mir alles, was mich am Leben hält,
kaum merklich.
Gleichgültig gehe ich an allem vorüber,
nichts, was ich ansehe,
niemanden.
Und ich zweifle.
Gab es eine Zeit,
als ich lieben konnte,
gab es eine Zeit,
als das Leben leichter war?
Es scheint, ich habe es vergessen,
habe alles vergessen.

Einsamkeit und Angst
werden zu einem Dauerzustand,
und das Leben wird zur Last.
Und ich kann nicht mehr glauben,
dass es noch einmal hell wird für mich,
und dass es noch einmal Liebe geben wird,
mit jedem Tag weniger.

Eine andere Leidenschaft

Ich weiß,
Du musst
in einer wichtigen Beziehung
ganz anders sein als ich.
Eine andere Leidenschaft ist in Dir.
Ich fühle es so sicher,
wie ich Dich immer wieder erlebe.
Aber,
allein was nützt es mir?
Wenn man etwas so sehr möchte
wie ich Dich,
denkt man über so etwas
irgendwann nicht mehr nach
und möchte nur noch.
Egal, ob es geht,
und wie lange es geht,
ob es überhaupt geht.
Es sei denn,
man möchte nicht genug!

Verliebt

Es gab eine Zeit,
Du warst einer der Menschen,
die ich gerne traf.
Du warst aufregend, anziehend.
Es gab einige Menschen,
die ich gerne traf.
Wenn ich sie traf,
waren sie wichtig und gegenwärtig.
Und doch fand ich in nichts Ruhe.

Dann, irgendwann,
sah ich Dich auch in anderen Menschen.
Und Menschen,
die mir einst nah waren,
fand ich wieder in Dir.
Ich weiß nicht, wie es kam.
Und ich wusste nicht mehr,
ob Du aufregend warst
oder anziehend,
wusste nur,
Du warst schön.
Alles war schön,
und alles war wahr.
Und ich fühlte eine tiefe Ruhe,
und Sinn schien in allem zu stecken.

Nun bist Du wieder
ein sehr interessanter, aufregender Mensch.
Du hast wieder ein Gesicht,
wie die anderen,
die ich ab und zu gerne treffe
und die mir helfen,
nicht an allem zu zweifeln.
Und ich suche wieder
nach Ruhe und Sinn.

Liebesgedicht

In Gedanken an Dich.
Ich möchte fühlen,
wer Du bist,
spüren,
wie Du atmest,
wie Du lebst.
das Beben Deines Körpers,
wenn ich ihn ganz zart berühre,
nur einen Hauch.
Langsam,
langsamer als gewohnt
hast Du Dich
in mein Herz geschlichen,
auf eine Art berührt,
die ich nicht kannte.
Wenn nun etwas Menschliches
die Chance haben will,
von mir bemerkt zu werden,
dann,
wenn es mir vertraut von Dir,
Menschen Dir ähnlich,
irgendwo.

Ein Lächeln von ihnen
wie Deines.
Wege,
die Du einst gegangen sein musst,
berühren mich seltsam.
Ich wandle auf ihnen
in Gedanken an Dich,
in einer Zeit,
in der sie lange nicht mehr
die Deinen sind.
Und in einer Zeit,
in der sie auch nicht
die meinen sein können.

Die falschen Worte

Mit ein paar Worten
hab ich die ganze Mystik zerstört,
ein Vakuum von viel Gefühl,
etwas unerhört Zärtliches, Sinnliches.
Heut hab ich' s zerstört.
Ich kann es nicht mehr fühlen.

Glaub nicht meinen Worten.
Sie sagen nicht, was ich meine,
nicht, was ich fühle.
Glaub meinen Augen!
Sie haben immer die Wahrheit gesagt.

Zu viel

Schon viel zu sehr in den Taumel des Glücks geraten,
schwebe ich seltsam bodenlos,
lächelnd ins Nirgendwo.
Verzeih mir,
wenn ich vor Deinem liebevollen Lächeln
zurückweiche.
Aber noch mehr Glück wäre einfach tödlich.
Ich würde sterben für diese Welt,
ohne dann wirklich tot zu sein.

Nicht mehr zurück

Ja, sie waren schön,
die Dinge, die ich fand,
als ich in Dich verliebt war.
Ich weiß noch,
der Tag,
als die dunklen Wolken zogen,
viel zu tief und viel zu schnell
dort im Wald an der Küste,
bevor der Regen kam.
Und wie es da lebte
das dunkle Wasser;
fast leidend schlugen die schweren Wellen.

Ja, sie waren schön,
die Gedanken, die ich hatte,
als ich glaubte,
Dich nie mehr vergessen zu können,
und es dann doch tat,
noch ehe die Wolken
wieder so tief und schnell zogen
über jenem Wald dort an der Küste.

Und weißt Du,
ich möchte schon lange nicht mehr zurück.

Bei Dir sein

Begehren nach Deiner Nähe,
keine Ahnung, wie nah ich möchte,
nur viel, viel näher.
Deine Gelassenheit füllt den Raum,
irgendetwas mit Dir füllt den Raum, gibt mir
Ruhe.
Und es ist, als würde man in der Zeit verharren,
in sie eintauchen an diesem Ort,
in die Tiefe dieser Welt.
Sie ist auch dort, bei Dir, mit Dir, in Deinem
Blick,
und so viel Zärtlichkeit auch.
Woher hast Du all das?
Ich möchte Dich berühren, umarmen und lange
nicht loslassen,
möchte Dich bedrängen,
möchte so vieles in meinen Gedanken.
Ich giere nach Zeit mit Dir, giere nach Deiner
Gelassenheit,
nach Deiner Zärtlichkeit.
Doch ich darf immer nur ein paar Momente
bleiben.
In diesen Momenten ist Ewigkeit.
Alles ist so groß.
Woher? Wer bist Du? Bist Du ein Zauberer?
Warum darf ich nicht öfter kommen,
einfach so,
mich in eine Ecke setzen und bei Dir sein?
Warum ist es nicht möglich?

Ich laufe Dir nach, bis Du Dich zeigst

Gier nach Nähe zu Dir.
Du bist so weit,
und alle sind Dir näher als ich,
so viele andere.
Und nichts von Dir offenbarst Du mir.
Dann, eines Tages
fandest Du Vertrauen zu mir,
weiß nicht warum.
Du zeigtest mehr von Dir,
und dann sah ich,
dass Du eigentlich jemand bist,
zu dem ich nicht passe,
wirklich nicht.
Ich sah es ganz klar
und ich wollte es nicht mehr.
Und so ging ich,
vergaß Dich fast von einem Tag auf den anderen.

Nicht genug

Es war so schön,
das Gefühl zu Dir.
Die Welt war so schön wie noch nie,
anders schön.
Und nichts anderes wollte ich mehr,
als in Gedanken bei Dir
und in diesem wunderbaren Delos sein.
Aber all das war wohl nicht genug,
als dass wir aufeinander zugegangen wären;
es reichte nicht aus?
So gerne wäre ich Dir unendlich nah gekommen.
Es schmerzt noch, dass es nicht so war.
Ich kann nicht mehr an Dich denken,
lasse alles, was mich irgendwie an Dich erinnert.
Aber es reichte wohl nicht aus?
So viel war es nicht wert?

Nicht mehr zurück

Die Welt, die ich sah,
als Du bei mir warst, war so anders, als was ich
kannte.
Sie war so schön, und ich fand Ruhe darin.
Zweifellos war etwas in ihr, wonach ich suche.

Als ich spürte, dass ich Dir nicht näher kommen
kann,
tat das unendlich weh,
und ich versuchte, Dich zu vergessen.
Ich musste Dich vergessen.

Es kam dann, dass Du irgendwann nicht mehr in
mir warst.
Wäre ich Dir begegnet, vielleicht wäre ich an Dir
vorbeigegangen
wie an einem Fremden.
Ich konnte mich anderem zuwenden,
und wunderte mich darüber, wie schnell ich Dich
wieder vergessen konnte.
Dachte ich denn nicht, ich hätte Dich so gerne
gehabt,
wie kaum jemanden vorher?

Irgendwann merkte ich,
dass ich nicht nur Dich vergessen hatte,
sondern alle meine Gefühle.
Nichts war mehr, was mich wirklich berührte.
Unbeteiligt ließ ich die Tage passieren.
Und es war mir, als beträfen die Dinge, die ich
tat, nicht wirklich mich.

Voll Wehmut erinnerte ich mich dann,
wie es war, als ich Dich so unendlich gerne mochte,
bis ich wieder traurig wurde,
weil ich Dir nicht näher kommen konnte.
Du wolltest es nicht. So war es doch.

Es schmerzte nicht mehr so wie damals,
es machte nur noch traurig,
Aber mit den Gedanken an Dich,
mit dem Sehnen nach Dir,
war da wieder diese Welt, diese neue andere Welt,
voll Schönheit und Ruhe.

Und ich wusste dann, es war dumm, dass ich
Dich mit Macht vergessen wollte,
denn mit Dir würde ich auch vergessen, was ich
durch Dich erfahren.
Auch wenn ich Dich nicht bekommen konnte,
so wie ich es wollte,
möchte ich auch vieles von dem nicht mehr,
was vorher war.
Es ist so weit von dieser neuen Welt, die nun in
mir ist,
ganz zart.
Ich muss sie hüten wie einen Schatz.

Und ich trenne mich von Freunden, die keine
mehr sein können.
Ich habe keine Angst mehr, sehr alleine zu sein,
weil ich wieder einen anderen Weg gehe,
und wieder kaum jemand da ist, der mich zu
verstehen scheint.
Ich gehe alleine,
und habe vielleicht endlich verstanden,
dass das Leben nicht anders sein kann.

Es war doch nicht wirklich?

Eine Illusion ist zerbrochen,
und ich breche fast zusammen.
Warum habe ich es nicht eher bemerkt?
Wie unreal ich doch bin,
sehe es jetzt wieder deutlich.
Der Traum mit Dir war so schön,
gab Geborgenheit und Sinn.
Und ich habe es nicht bemerkt,
wie Du mir immer wichtiger wurdest,
habe Dich eingelassen in mein Inneres.
Dort sitzt Du nun und schmerzt mich,
auch wenn ich nicht mal mehr an Dich denke.
Dabei warst Du nie real.
Es ist nicht Deine Schuld.
Ich konnte nicht unterscheiden
zwischen Illusion und Wirklichkeit.
Und nun kann ich nichts mehr essen,
nicht mehr schlafen,
überall bist Du.
Du wurdest mir zum Verhängnis,
weil Du da warst,
einfach nur da warst.
Der Traum mit Dir war schön,
doch nun gehe aus meinen Gedanken,
gehe bitte wieder aus meinen Gedanken.

Was hast Du mit mir gemacht?

Manchmal noch denke ich an Dich.
Ich denke dann an Dich so lange,
bis ich wieder sehe,
dass Du mich nicht geliebt hast.
So deutlich ist es dann da.
Und dann tut es mir wieder weh.
Ich habe so oft über die Begegnungen mit Dir
reflektiert;
das ist wohl so, wenn man verliebt ist.
Heute glaube ich manchmal zu wissen,
dass ich kaum existiert habe für Dich.
Ein andermal hast Du mich ein bisschen gemocht.
Aber die Wirklichkeit war immer ganz einfach:
Du konntest meine Gefühle nicht erwidern.
Du hast es mir gezeigt,
und ich wollte es nicht sehen.
Warum habe ich Dich nur so geliebt?
Warum konnte ich einen Mann so lieben,
dem ich nichts bedeute?
Ich möchte es Dir noch einmal ins Gesicht schreien,
ein letztes Mal:
Ich habe Dich geliebt.
Weiß ja selbst nicht, warum.

Und ich wandle immer noch in Deinem Bann,
auch wenn ich mich manchmal so maßlos darüber
ärgere.
Das sind die Momente,
in denen ich wach bin,
Momente auch,
in denen ich sehe,
wie Du an mir vorübergehst,
ohne aufzublicken,
oder stehenbleibst,
um über meine Dummheit zu lachen.
Intensive Momente, die traurig machen.
Warum werde ich nicht einfach wach und lasse los?
Es passieren täglich neue aufregende Dinge,
und ich komme nicht aus meinen Träumen heraus.
Ich bin so viel jünger als Du.
Aber ich sehe Dich,
wie Du intensiv die Tage lebst,
in einer großen Welt,
und mir scheint,
als schläfst Du keine Minute.

Momente

Du hast es sicher längst vergessen,
als ich ab und zu bei Dir war.
Nähe und Intensität scheinen wie
selbstverständlich
in Dein Leben zu gehören.
In meinem sieht es ärmer aus.
Wohl daher klammere ich mich an Momente
unendlicher Nähe,
die ich bei Dir empfand.
Aber es waren doch wirklich nur Momente?
Viel zu kurz,
als um sich länger daran festzuhalten.
Und ich tue es immer noch,
nach so langer Zeit
sehne ich mich immer noch so sehr danach,
bei Dir zu sein.
Aber als es die Momente der Nähe,
diese winzigen Momente noch nicht gab zu Dir,
warst Du mir fremd,
Dein Körper, Deine Züge, Deine Bewegungen.
Nichts an Deinem Äußeren gefiel mir,
nicht mal Dein Lachen.
Manchmal spürte ich eine Nähe zwischen Dir
und einer anderen Frau.
Ich war nicht neidisch auf sie,
höchstens auf die Vertrautheit
zwischen zwei Menschen,
darauf, dass Ihr Euch so wortlos gefiel,
dass Ihr Euch ansehen und miteinander lachen
konntet,
dass Dir etwas fehlte, wenn sie einmal nicht da war,
und Du es sie spüren ließest,
wenn sie wiederkam.

Du lächeltest dann vor ihren Augen eine andere an.
Dass Du auch mir einmal gefallen könntest, hätte
ich nicht geglaubt.
Und dann waren sie da, diese Momente mit Dir,
so vertraut.
Niemand schien mir danach näher als Du.
Ich fühlte mich aufgehoben bei Dir wie bei
keinem anderen
und wollte mich fallen lassen wie nie zuvor.
Und auch nie zuvor hatte ich einen Mann so
begehrt.
Hattest Du mir unbedacht zu viel
Aufmerksamkeit geschenkt,
weil niemand anderes da war von den Menschen,
die Du mochtest?
Ich lechze immer noch nach diesen Momenten
der Nähe,
als wären sie etwas, was immer gegenwärtig wäre,
wenn ich bei Dir sein könnte.
So bekomme ich Dich immer noch nicht aus
meinen Gedanken.
Aber wenn ich wieder mal zu sehr an Dich denke,
sehe ich vor mir die anderen Frauen,
Frauen, die Du attraktiv findest,
und um die Du wirbst mit Deinem Lächeln,
mit Deinen Worten.
Dann tut es mir immer noch weh,
dass ich Dir dieses Schauspiels nie wert war.
Und ich sehe,
wie Du mich fremd ansiehst und fragst:
Was wollen Sie denn noch? Ich habe keine Zeit
für Sie.

Nichts als ein Spiegel?

Spiegel Deiner Gedanken,
Deiner enttäuschten Gefühle,
Deiner Trauer –
bin ich das für Dich?
Du siehst mich an,
und verstehst irgendwas,
und willst mich eigentlich nicht bei Dir haben.
Oder doch?
Aber ich muss immer wieder zu Dir,
weiss nicht, warum so sehr
und immer mehr.
Sinne so viele Male,
ob ich für Dich existiere
und verstehe nicht,
warum es beginnt weh zu tun,
wenn ich an Dich denke,
und woher diese Trauer ist, die ich empfinde,
und dann diese Leere.
Und Du siehst fragend,
warum ich so gequält bin
und so unruhig.

Es scheint,
bei Dir offenbare ich,
was ich garnicht wusste,
und fange hinter all dem an,
zur Ruhe zu kommen.
Und Du?
Du siehst mich an,
als stünde ich davor,
mir das Leben zu nehmen.
Den Gedanken hatte ich nie,
noch weniger den Mut.
Was empfinde ich hier?
Ist es meine Trauer oder Deine?
Woher diese Leere?
Und Du siehst mich an
und verstehst irgendwas.
Und ich bleibe verloren zurück.

Fernweh

Der Himmel hängt tief,
in Nebel gehüllt der Horizont.
Aber ist es das allein?
Ich hab Sehnsucht,
Sehnsucht nach so vielen Farben,
klangvollen Geräuschen,
strahlenden warmen Augen,
die in der Sonne leuchten,
nach unendlich viel Licht,
Sonne,
die selbst dem unscheinbarsten Ding
Ausstrahlung verleiht,
tief in uns dringt
und lachen lässt,
klar und frei,
ein Lachen,
das uns einander näherbringt.
Warten, bis es hier wieder soweit ist?
Ich möchte jetzt dahin fliegen,
wo es so ist!

Reisen

Ein leises gleichförmiges Dröhnen.
Wir fahren, fahren…
Die Sonne verschwindet hinterm Horizont.
Für Momente nur bleibt zurück
ein gelbrotes, rotviolettes,
violettes Band,
bevor es endgültig Nacht wird
und alles in tiefes Blau gehüllt ist.
Viele leuchtende Punkte in diesem Blau,
größere, kleinere.
Mit leisem Dröhnen rauschen wir durch die Nacht.
Mir ist kalt.
Wie wird die Stadt sein, in die wir kommen?
Wer lebt dort,
und, was wird passieren dort?
Stadtbilder geprägt
durch so viele Jahre Leben.
Immer wieder neue Eindrücke.
Neue Empfindungen.
Gibt es Aufregenderes?
Immer weiter, weiter …

Mir ist kalt.
Ich versuche mir vorzustellen,
wie es wäre,
wenn ich nach Hause kommen könnte,
und da wäre eine Frau mit einem großen Herzen,
würde mir etwas Warmes zum Trinken kochen,
mir zuhören wollen,
mich für einen Moment an sich drücken.
Einen Moment nur würde ich Wärme fühlen wollen.
Bei dieser Vorstellung wird mir für einen Moment
warm,
und ich vergesse einfach,
dass es nie so sein wird
und freue mich auf die unbekannte Stadt.

Kolumbusbucht (Bucht auf Gomera)

Alles wird lebendig,
alles, was leblos
und längst vergessen geglaubt,
Träume und Illusionen,
die nicht gelebt geglaubt.
Alles ist lebendig in dieser Bucht,
alles ist da,
nichts ging verloren.
Farben von irgendwann, Kinderträume,
so lebendig wie ich
in dieser von so hohen Klippen umgebenen Bucht.
Hab ich je eine schönere gesehen?
Wellen brechen sich mit Urgewalt
an den zahlreichen
im Meer liegenden Felsbrocken,
oder brechen über ihnen zusammen.
Gischt umspült sie,
legt sich für Momente auf sie,
dann, unbändiges Meer,
saugst Du wieder alles Wasser in Dich hinein.
Und erneut brechen sich Wellen.
Felsen und Wasser und Wellen,
große Steine,
weiße schäumende Gischt,
die Gewalt dieses Meeres.
Was ist wichtig?
Rauschen und Strömen,
Sog,
diese Urgewalt in dieser Bucht,
und alles lebt.

Ein ganzes Bild

Immer wieder zieht es mich
durch das große Tor
auf das Campusgelände.
Ich wandle unter Baumalleen,
der großen Bibliothek entgegen.
Alte und neue Unigebäude.
Alles liegt still
unter dunkelblauem Hochsommerhimmel.
Nur das Rauschen der Bäume.
Und ich fühle mich erinnert an ein Sehnen,
das ich nicht benennen konnte.
Gefühle und Gedanken von einst,
Gefühle und Gedanken von vor Kurzem
fließen seltsam zusammen
zu einem Bild,
zu einem Sein.
Illusion und Wirklichkeit.
Und das Ganze ist eine Illusion,
aber wahr in seiner Vollkommenheit.

Ich habe es so nie erlebt, dieses Sein.
Aber es ist,
nach was alles in mir strebte.

Nun in dieser Universität,
am andern Ende der Welt,
kann ich es sehen.
Und habe ich es auch nicht gelebt,
ist es ein wenig,
als hätte ich es gelebt.
Für Momente empfinde ich Ruhe.
Ich habe gefunden
und möchte nicht mehr suchen.

Im Rausch einer Schönheit

Erste Begegnung.
Du sahst mich an ein erstes Mal,
nachdem Du mir immer nur Worte
im Vorbeigehen zugeworfen hattest.
Ich sah Dich an ein erstes Mal,
nachdem ich vorher nur unaufmerksam
die Konturen Deines Körpers wahrgenommen
hatte.

Überwältigt von Deinem Lächeln
kann ich nun nicht anders,
als Deiner Schönheit gedenken.
Wie in einem Rausch
forme ich immer die gleichen Worte,
„Schön, schön, einfach schön",
bis es mir schwerfällt,
überhaupt wieder etwas anderes zu denken.
Außer vielleicht –
es muss etwas zu Fremdes hinter diesen Augen
stecken,
als dass ich es mit meiner Welt verstehen könnte.

Neugierde treibt mich immer wieder zu Dir,
immer wieder muss ich Dich ansehen,
zusehen,
wie Dein stolzes ruhiges Auge alles aufmerksam
verfolgt.
Und immer wieder die gleichen Gedanken:
Oh Gott, bist Du schön.
Nichts darüber hinaus,
bis es mich traurig macht.

Du bist zu schön,
als schamlos betrachtet zu werden von einer,
die sich an allem festzuhalten sucht,
was heller strahlt als sie,
denke ich.
Und wende mich schamhaft ab,
bis ich nur noch die Konturen Deines Körpers
spüre.

Und bald schon verlierst Du kein Wort mehr an
mich,
antwortest unbeteiligt auf meine Fragen,
siehst mich nicht mehr an.
Und ich war mir sicher,
dass es unsere Welten sind,
die uns trennen.

Neulich sah ich jemanden mit Deinen Zügen,
sah darin auch,
was ich vorher nicht bei Dir bemerkt hatte
und konnte mich nicht von ihnen lösen.
Bis ich in Augen sah –
tiefbraun und warm,
aber lange nicht so dunkel wie Deine,
und ich wandte mich irgendwann ab.

Scham.
Mit Magenschmerzen
warte ich auf eine Aufmerksamkeit von Dir,
ein Lächeln, ein Wort nur
im Vorbeigehn zugeworfen.
Doch Du gehst stolz vorüber,
als würde es mich nicht geben.

Und ich weiß,
auch morgen wirst Du nicht lächeln.

Und mir ist auf eine Art übel,
wie ich es schon nicht mehr kannte,
wenn Du so dicht neben mir stehst,
und alles ist für Dich lebendiger als ich.

Und ich erinnere mich
an das erste Lächeln von Dir,
wunderbar aufmerksam und nur für mich.
Sicher,
Du hast die schönsten Augen,
in die ich je sah.
Viel zu sanft,
aus einem Blick viel zu tief,
klug und wissend
siehst Du.
Und ich weiß,
nach diesen Augen werde ich anderswo vergebens
suchen.
Und ich erinnere mich,
wie Du mir sanft übers Haar strichst,
besorgt.
Mein Blick irritierte Dich.
Viele solche Blicke folgten,
zu viele.

Und es sind nicht unsere Welten,
die uns trennen.
Jede Zeit,
die ich nicht habe,
würde nicht reichen,
mich Dir zu nähern.
Zu fremd,
zu unecht,
zu kalt,
werde ich Dir immer sein.
Du bist wie ein wunderschöner Spiegel.

Solidarität

Du siehst,
wie sie den Fremden aufnehmen,
wie sie sich um ihn versammeln,
ihn mit Fragen bombardieren,
viel zu persönlichen,
findest Du,
und sträubst Dich,
so viel von Dir zu preiszugeben.
Und fragst nicht, warum.
Alles nur gespielt,
sie interessieren sich ja garnicht für ihn,
den Fremden,
sagst Du,
nachdem Du schon lange
jeden Tag gerne zu ihnen gehst.
Und Du fragst nicht,
wie es kam,
dass Du Dich aufgenommen fühlst,
bedingungsloser,
als Du es gewohnt bist.

Du sagst,
sie reden übereinander,
schlimmer als Du es kanntest,
und Du meinst offener.
Sie lachen übereinander,
auch über Dich.

Aber Du musst keine Angst haben,
dass Du bloßgestellt alleine gelassen wirst,
wie es Dir vertraut ist.

Es ist ein Lachen,
dass Dich wieder zu ihnen zurückholt.
Ihr Lachen wie ein großes Tuch,
das Dich auffängt,
weil Du Mensch bist wie sie.
Wenn sie nicht mehr über Dich lachen,
dann,
weil sie spüren,
dass Du ihre Gemeinschaft nicht willst.

Du solltest nicht drauf verzichten.
Sie sind die ehrliche Reaktion auf Dein Verhalten,
jeden Tag.
Und geht es Dir nicht gut,
werden sie es sehen,
viel schneller,
als es sonst jemandem auffiel,
wirst Du meinen.
Und sie werden ihr Tuch spannen.
Sie können so schlecht unbeteiligt sein.
Sie wissen nicht um die Welt,
die Du kennst.

Kein einzelnes Leid
scheint groß genug,
als dass sie es nicht
mit ihren Herzen lindern könnten.
Und Du fragst Dich,
warum ihre Herzen so groß sind.
Und Du wirst nie mehr gehen wollen.

Ja, aber ich glaube, Du bist krank

Ja, gut,
sagtest Du,
nachdem Du mir aufmerksam zugehört hattest.
Ja,
aber ich glaube, Du bist krank.
Du sagtest das aufmerksam,
aber wie nebenbei.

Da hab ich es also.
Hab ich es nicht schon immer geahnt,
gewusst?
Und nun siehst sogar Du es,
Du, den ich doch so mag
und nicht weiß, warum.
Krank,
nicht gesellschaftsfähig,
nicht zurechnungsfähig.
Ich möchte im Erdboden versinken.

Du siehst mir zu,
wie ich mich ernsthaft gewissen Dingen hingebe.
Du siehst…
nicht ernst, nicht fröhlich,
siehst einfach,
sagst nichts.
Dann nur:
Ja gut,
aber ich glaube,
Du bist krank.
Du sagst das ohne eine Regung in Deinem
Gesicht.
Deine Augen blicken klar.
Und ich möchte mich nicht mehr rühren.

Ich antworte Dir irgendwas
mit einem wirren Lächeln
aus nervösen Zügen.
Wenn ich doch so entspannt sein könnte wie Du.

Es verunsichert mich so sehr.
Bis ich ahne,
was Du gemeint haben könntest.
Meine Worte,
leblose Phrasen,
die für irgendjemand wichtig sind.
Und ich hab nicht begriffen,
dass sie es darum
noch lange nicht für mich sind.
Mein Handeln,
mechanisch.
Ich hab es so bei anderen gesehen.
Man macht es einfach nicht anders;
es muss gut sein.
Irgendwelche Normen,
die sagen, wie es sein soll,
Normen, von denen ich nicht weiß,
wer sie gemacht hat.
Nach Orientierung suchend
boten sie sich mir helfend an.
Und ich habe ängstlich,
viel zu früh nach ihnen gegriffen,
habe gelernt ohne innere Beteiligung.
Nun spüre ich oft nicht mehr,
was ich tue.
Ich frage nach meiner persönlichen Note.
Und es kann nie gut werden.

Irgendwann vielleicht
wird mein kleiner Kopf
keine Lust mehr haben
auf leere Gedankenspiele.
Und alles wird zusammenfallen
wie ein mühsam errichtetes Kartenhaus,
dem man ernsthaft, konzentriert,
unbeteiligter Weise,
eine Karte zu viel aufgesetzt hat.

Wozu das Kartenhaus?
Karten sind wohl sinnvoll;
aber spielt man nicht andere Dinge mit ihnen?

Alleingelassen mit meinen verirrten Gedanken
werde ich mich dann
an allem vergebens festzuhalten suchen.

„Ja,
aber ich glaube, Du bist krank.“

Postkarten

Du sitzt mir gegenüber
und siehst,
wie ich Postkarten schreibe.
An alle Freunde
und all denen,
denen ich es versprochen habe.
Nach Reihenfolge.
Kopfschüttelnd lächelst Du
zu mir herüber.
Ich lächle zurück
und weiß noch lange nicht,
was Du meinst.

Noch viele Male
sitzen wir uns so gegenüber,
bis ich irgendwann
nur noch wenige Postkarten schreibe,
ohne Reihenfolge;
nur noch,
wenn ich an jemanden denke.
Auch viele Freunde bekommen
irgendwann keine Postkarten mehr.

Und Du sitzt mir gegenüber und lächelst.
Und ich werde bestimmt keine Postkarten mehr
schreiben,
wenn Du mir so aufmerksam zulächelst.

Santiago de Chile (I)

Mai.
Es ist Herbst.
Wechselhaft.
Manchmal ist der Himmel schmutziggrau,
wie ich es noch nirgends vorher gesehen habe.
Ein Grau,
das nicht einmal die Haut verschont,
sich in den Haaren fängt,
die Augen rötet.
Es scheint,
allein der Frische der Grünflächen
kann der Dunst nichts anhaben.
Ein andermal ist der Himmel dunkelblau,
und die mächtigen Berge,
die von allen Seiten die Stadt umschließen,
erstrahlen am Morgen
und am Abend
in einem roten Licht.
Dann scheint die Luft so gut.
Alle Gerüche dieser Stadt fließen zusammen –
Straßenstaub, Abgase, Werkstätten,
Gummireifen, Grün.
Vermischen sich zu einem Einzigen –
Großstadtluft.
Am frühen Morgen ganz frisch
atme ich sie genussvoll ein.
Santiago.
Und ich werde nicht müde,
mir diese Stadt täglich aufs Neue anzusehen.
Oft gehe ich sogar die gleichen Wege
und gehe sie auch zum vierten Mal noch gerne.
Staunend betrachte ich
die scheinbar ineinander gewachsenen Bauten –
schönstes Barock und Hochmodern

wie aus einem Guss.
Selbst die Kirchen
scheinen mit hineingegossen zu sein.
Bauten aus den verschiedensten Zeiten
in den unterschiedlichsten Varianten,
zusammengewachsen.
In alles überragenden modernen Glashäusern
spiegelt sich Vergangenes,
langsam Verfallendes oder herausgeputztes Kolonial
vergessener Generationen.
Der graue Nebel
scheint den verschieden getönten Fassaden
nichts anzuhaben.
Selbst das grelle Licht des Tages
kann ihren geheimen Glanz nicht verbergen.
Und ich werde nicht müde,
alles zu bestaunen,
wandle wie in einer Galerie.
So in Ruhe schlendere ich
durch die Innenstadt,
sehr zum Ärger der vielen Passanten,
die sich, formal gekleidet,
in scheinbar dem gleichen Tempo bewegen.
Ein gut funktionierender Fluss von Menschen -
morgens fließt alles in die Büros,
mittags in die zahlreichen Restaurants,
Imbissstuben, Bistros und Cafés,
abends in die Supermärkte,
in die Busse, die Metro …
Es klappt alles prima,
rücksichtsvoll harmonisch,
und ich möchte am liebsten mitfließen.

Santiago (II)

Irgendwann steige ich in den falschen Bus,
fahre in irgendeine Richtung.
Es wird immer schmutziger, staubiger.
Eine lange Strecke
warte ich nur darauf,
dass der Bus endlich wendet
und mich in die Innenstadt zurückbringt.
Doch dann,
hinter dieser Öde,
wird es freundlicher.
Wohngebiete, wie diese typischen in Concepción.
Mittelklasse,
bescheiden,
ein flaches Häuschen ans andere gereiht.
Und wir fahren,
fahren …
Es scheint viel größer als die Innenstadt,
dieses Chile.

Es ist wie Concepción;
es ist Euer Chile.
Ich kann Euch fühlen,
solange wir durch dieses Viertel fahren.
Nach einer halben Ewigkeit
in Gedanken an Euch
nähert sich der Bus
wieder der pompösen Innenstadt
und Erinnerungen schwinden.
Dies hier ist nicht Euer Chile,
denke ich,
als ich aus dem Bus steige.
Eine Träne habe ich noch im Auge.
Muss ich immer
in Viertel wie diese fahren,
um Euch nicht zu vergessen,
eure Solidarität?
Wo ich herkomme,
gibt' s diese Wohngebiete nicht.

Fliegende Händler

Ich sitze in einem eher billigen Restaurant
an einem guten, einfachen Essen
und sehe den Männern auf der Straße zu,
wie sie mit ihren Pappkisten
voll Schokolade, Keksen,
voll Eis,
in die Busse springen
und lauthals ihre Ware preisen.
So viele Worte
für ein Eis von 100 Pesos.
Mein Gericht kostet 1000 Pesos.

Es ist eine Frage der Zeit
bei diesen Temperaturen.
Keine Ahnung,
wie sie es machen –
das Eis, das sie mir reichen,
ist eisgekühlt.
Wenn ich mir heute noch eins kaufe,
dann nur bei ihnen.

Santiagos Identitäten

Ein Stück London in der Bandera.
Sonnenlicht fällt auf die Wände
der höheren alten Bauten
fast im englischen Stil,
fällt nur mittags
bis auf die luxuriösen Eingänge der Banken.
Formal und im Einheitslook auch die Leute,
die eleganten, zügigen Schrittes
ein- und ausgehen.

Ein Blick aus dem Bus am Plaza Bulnes –
Ist das nicht Berlin?
Ein Platz an der Karl-Marx-Allee,
diese Straße der feierlichen Demonstrationen?
genau diese Häuser, in dieser Art Übereck,
Fünfziger Jahre-Bau Ostberlin –
diese Ähnlichkeit?

Providencia,
luxuriös,
könnte überall sein.
Diese Straße mit den Cafés,
durch und durch Noblesse.
Und diese edel gekleideten blonden Frauen
mit den vollen Plastiktüten
bekannter Marken.
Ich schlürfe meinen Kaffee
und denke an Hamburg.
Es könnte aber wohl auch in Frankfurt oder
Düsseldorf sein.

Residencia,
die Straße mit den im Halbkreis aufgestellten
Bänken,
mit den rotgerahmten Glastelefonen,
und dann noch die Villen –
Paris, kein Zweifel.

Oft ist alles miteinander vermischt,
die Stile scheinen ineinandergewachsen.
Paris, Berlin,
London, New York –
ein aufregendes, einzigartiges Gebilde,
lebendig!

Und ich frage mich,
ob es in der Innenstadt etwas gibt,
was ich nicht auch schon woanders gesehen hätte.
Alle Details scheinen vertraut von irgendwo.
Und doch,
dieser ewige Dunst,
der den Konturen der Häuser die Schärfe nimmt,
die hohen dünnen Palmen,
die sich, vorbei an den niederen Kolonialbauten,
den Glashäusern entgegenrecken.
Geschmeidig, im leichten Windhauch, wiegen sie
sich lautlos.

Und fiel es mir nicht leichter,
den Blick in Berlin, Paris,
London abzuwenden,
schweifen zu lassen?

Noch nicht zurück

Ich kann noch nicht zurück,
hab mich noch nicht sattgesehen an Euch,
war wohl zu lange umgeben von meinesgleichen.
Ich gehe an ihnen vorüber,
wie an etwas, um das ich weiß,
wie an einem Haus,
das man nicht mehr ansieht,
weil man zu oft daran vorbeigekommen ist.

Kraft der Gemeinschaft

Eure Aufmerksamkeit,
euer Beteiligtsein
ist wie ein zu zartes Berühren der Haut,
ein Kitzeln.
Und ich muss lachen,
wie in einem Rausch.

Du zeigst mir Fotos Deiner Familie,
auch Deines Mannes –
er ist schon tot, schon länger.
Ich sehe sie mir an
und schweige fast,
unbeteiligt.

So gerne möchte ich Deine Freundin sein,
immer so mit Dir reden,
mit Dir lachen.
Irgendwann höre ich von Dir,
dass ich kalt wäre:
„Sind alle Menschen in Deinem Land so unbeteiligt,
nehmen an nichts wirklich Anteil?
Da würde ich ja erfrieren!" – sprach's.
‚Mehr oder weniger', denke ich,
und „Sind sie nicht" –, sage ich.

Gut, ich kann also nicht Deine Freundin sein.
Und auch nicht Deine,
die Du immer so sensibel auf mich eingehst,
damit ich mich nicht so fremd fühle.

Allein, ich schwebe weiter im Rausch,
Euch zu bewundern.
Noch darf ich es,
etwa einen Monat noch
darf ich Euch täglich erleben,
Euch zusammen,
wie ihr lacht und plaudert,
wirklich beteiligt,
mit Augen viel zu offen
und viel zu sanft,
reife Frauen mit Kinderaugen.

Ich denke an Euch vorm Einschlafen
und atme tief und regelmäßig.

Irgendwann
verabschiede ich mich herzlich von Euch
und ziehe meines Weges.
Ohne zu wissen,
was mir noch begegnen wird
in diesem,
Eurem Land.
Voll Neugierde und Kraft
treibt es mich zügig weiter.
Alleine fühle ich mich bald
und halte mich an allen Orten, in die ich komme,
viel zu lange auf,
will mich noch nicht wirklich von Euch
entfernen.
Irgendwann tu ich' s doch,
und zuerst in meinen Gedanken.
Und bin dann wirklich alleine,
so alleine,
dass ich vorm Einschlafen
nicht mehr tief und regelmäßig atmen kann
und unruhig dem lauten Klopfen meines Herzens
folge.
Ich muss nach Menschen wie Euch suchen,
ich weiß ja.
Aber es wird schwer werden,
bei uns Gemeinschaften wie Eure zu finden.
Und wie lange werdet Ihr
noch so miteinander sein?

Angst vorm bösen Mann

Du siehst wirr und konzentriert
zu mir herüber.
Ich hab es gesehen.
Du wartest doch nur darauf,
dass ich endlich aus dem Bus aussteige,
in dieser Dunkelheit,
in dieser Armut.
Malst Dir gerade aus,
was Du alles mit mir machen könntest.
Wie ein wildes Tier siehst Du,
siehst, als wär das alles
schon eine sichere Sache für Dich.
Ich wende mich zu Dir um
und werfe Dir meinen finstersten Blick zu,
finster und hellwach.
So soll es zumindest aussehen.
Starr und kalt
scheinst Du mich zu fixieren.
Und ich bin nun noch viel wacher,
als ich scheinen wollte.
Und ich weiß auch wieder,
dass ich schnell bin.
Ich war immer schnell,
wenn' s drauf ankam.
Aber das weißt Du nicht.

Lieblichkeit (Vicuña)

Die Taufrische aus der Kindheit
an frischen Hochsommermorgen.
Vom Abendlicht
auf die dunkelgrünen Blätter der Bäume geworfen,
im Herbst.
Lieblichkeit
in den Gesichtern der Menschen,
viel zu sanft.

Gedanken an Deutschland (in Chile)

Und man sucht vergebens
nach den modrigen Kellern,
in deren dicken Wänden
Jahrhunderte stecken.
Man sucht vergebens
nach Vertrautem,
nach Natur,
die Ruhe schenkt,
dem Rasen, der da lieblich liegt,
dem stillen See,
der Ruhe im Blattwerk der Bäume.
In meiner Erinnerung
raschelt es in ihm wie eine flüchtige Berührung,
und man hört nur noch einen kleinen Vogel
heraus rufen.
Dies findet man hier eher nicht –
sanfte Schönheit, Lieblichkeit.
Natur, die sich nicht aufbäumt,
die da leise spricht.
Wenn man sich nicht bemüht,
wird man nichts verstehen.
Man geht in ihr spazieren
und unterhält sich über
wovon sie nichts weiß.
Es ist keine Natur,
die die Worte nimmt,
die Gespräche verstummen lässt,
durch ihr Dasein überwältigt.
Vielleicht war sie das ja einmal?.

Wüstenhund

Dort in der Wüste,
ein schwarzes Fell,
ein Hund?
Was tut er hier,
viel zu schnell laufend,
als hätte er ein nahes Ziel?
Weiß er denn,
wo er ist?

Er lief weg aus dieser Stadt,
wo es zu viele Hunde gab
und nichts zu essen.

Aber welche Idee!
Welche Not trieb ihn in diese Ödnis?!

Er hört nicht auf, schnell,
mit hängender Zunge, zu laufen?

Wenn er nicht vor Ermüdung und Hunger
eingeht,
findet er eine Stadt wie jene,
aus der er fortlief,
nicht mehr und nicht weniger.

Aber vielleicht sieht sie dann
für ihn anders aus,
nach einer Anstrengung,
die ihn eher hätte töten können, als eine Stadt
mit ihren vielen hungrigen Hunden.

Keine Angst mehr

Wenn ich Angst habe,
einen falschen Schritt zu tun,
wenn ich zögere und nicht weiter weiß,
kann etwas nicht in Ordnung sein,
denke ich noch
dort oben auf dem Berg.
Ich sehe den Leuten zu,
wie sie unsicher in die Tiefe sehen
und sich mit Händen und Füßen
abwärts tasten.
Ich lächle ihnen zu
und springe Dir viel zu schnell
die steilen Stufen hinterher.
Was ist los mit mir,
der Ängstlichen?
Mit Dir hab ich vor nichts mehr Angst;
mit Dir könnte ich wohl hundert Jahre alt
werden,
denke ich noch.

Verkörperungen (Südamerika)

Auf dem Weg,
weiß nicht wohin

ist mir einmal die Disziplin begegnet,
die mich strafend ansah mit ihrem sicheren Blick,
weil sie sah,
wie ich mich treiben ließ,
keinen Boden unter den Füßen,
nicht greifbar für niemanden.
Vergebens warb ich um ihre Sympathie.

Mir ist die Unschuld begegnet.
Wohl aus dem Himmel
lächelte sie hell zu mir herüber,
bis sie sah,
dass ich nicht war wie sie.
Wie rein und schön sie war,
die Unschuld.

Auf dem Weg traf ich das Abenteuer,
das mich wieder zu den einsamen Wegen trieb,
dort in den Bergen,
wo die kalten Winde ziehen.

Dann traf ich die Musik,
die mich bat,
ein wenig zu bleiben
und die Freude zu tanzen,
die ich an ihr habe.
Sie ließ mich nicht eher ziehen,
als bis ich immer wieder nach ihr suchen würde.

Und so gehe ich dann,
gehe,
begleitet von ihnen –
Disziplin, Unschuld, Musik und Abenteuer
und den Worten, die ich vorher traf.
Ihre Gesichter ruhen irgendwo in mir,
ihre Augen sehen mich noch an
manches Mal.

Und treffe ich irgendwann erneut
auf jemanden aus ihrem Kreis,
vielleicht kann ich auch dann
noch nicht anders,
als mich an ihm festhalten,
und unendliche Trauer erfüllt mich vielleicht,
wenn ich ihn wieder verliere.

Nadie habla (Niemand redet)

Sie wollten sich so sehr,
sagten es sich mit den Augen.
Aber nie sprachen sie ein Wort.
Dann war da ein Tag,
als sie sich fast verschlangen,
mit den Augen.
Und wieder sagte niemand etwas.
Irgendwann nach diesem Tag
wollten sie sich überhaupt nicht mehr.

Expressionist
(Gedanken über einen Musiker)

Du singst,
wahrhaftig singst Du,
für sie.
Singst die Liebe,
singst das Leben.
Sie können sich nicht satthören,
nicht sattsehen an Dir.
Von Freude erfüllt
strecken sie Dir ihre Arme entgegen,
singen mit Dir
das Leben,
die Liebe.
Wollen, dass auch Du sie siehst,
Freude erfüllt von Dir.
Und Du genießt es.
Es berauscht Dich.
Und Deine Stimme
bekommt einen volleren Klang,
ist die pure Energie.
Dann,
ist die Show vorbei.
Du bist müde.
Aber sie dort, das Publikum,
für die Du gesungen,
sie sind noch nicht satt,
sehen zu Dir herüber, bittend.

Doch dann,
irgendwann
gehen sie oder reden oder tanzen
nach anderer Musik.
Aber ein paar Frauen gibt es noch,
die sehen verträumt zu Dir herüber.
Was wollen sie noch?
Du hast gesungen,
und nun bist Du müde, bedürftig,
wie sie.
Wollen sie die Arme für Dich aufhalten,
und Du darfst Dich fallenlassen,
bedingungslos,
und sie bedecken Dich mit Küssen,
unendlich liebevoll,
als Dank?

Wenn Er singt

Er singt,
und wir tanzen.
Wie Göttinnen tanzen wir
unter seiner Stimme,
unter seinem Blick.
Wenn er singt,
sind wir uns nah.

Wenn er geht,
nimmt er uns unsere Ausgelassenheit,
nimmt uns unsere Freude.
Traurig gehen wir auseinander.
Fremd sind wir uns ohne ihn.
Wenn er geht,
nimmt er etwas mit von uns.
Nur langsam kehrt es zurück
die folgenden Tage.
Bis er wieder singt,
und alles beginnt von neuem.

Die nächste Stunde

Ich sitze allein,
irgendwo auf einer Bank,
sehe zum vollen Mond hinauf,
vielleicht zu lange?
Ich höre auf zu denken,
bekomme dann Angst,
alleine,
irgendwo.
Ich bekomme Angst,
weil ich so wenig weiß,
was die nächste Stunde passieren wird.
Ich war so in Gedanken
an morgen.
Wird er morgen tanzen mit mir?
Werde ich reden können mit ihm?
All mein Denken –
Morgen,
die wenige Zeit,
die ich Ihn sehe.
Aber das Sein interessiert nicht,
was ich will,
das Sein interessieren nicht meine Gedanken.
Morgen,
die wenige Zeit
wird vergehen,
so schnell wie die nächste Stunde,
von der ich nicht weiß,
was passieren wird.

Verlängerter Aufenthalt

Weißt Du,
warum ich so lange geblieben bin?
Ich konnte nicht gehen,
ehe Du mich einmal angesehen,
mir einmal zugelächelt,
einmal zu mir gesprochen hattest.

Die Stimme

Eine junge Frau singt.
Und ihre Augen
sehen irgendwo ins Nirgendwo.
Jemand spielt Flöte,
so als würde der Wind
wissend
über die Ebene,
in die Sträucher blasen.
Und die junge Frau singt.
Sie singt,
als wolle die Stimme zur Flöte hinaus.
Sie singt,
und alle erstaunen fasziniert.
Nur ihre Augenlider vibrieren leicht
oder die Lippen.
Wo kommt sie her,
diese Stimme?
Kommt sie aus diesem Körper,
der da nicht mehr existiert,
wenn sie leben darf,
die Stimme?

Gedankenspiele

Meine Gedanken drehen sich
wie eine Spirale um Dich herum.
Immer enger windet sie sich.
Bewegungslos erstarrst Du dann
inmitten ihrer Kreise,
bis ich Dir wieder begegne,
auf eine fremde Art lebendig.

Ode an das Altiplano von Peru

War es,
dass ich mich in Dich verliebt hatte?
Vor lauter Trompeten
konnte ich endlich Musik hören,
Musik gewordene Emotion,
sah die Puppen gewordenen Menschen,
sah sie
sich tanzend die Straße hinunter bewegen.
Sie können nicht anders
als tanzen,
tanzen – die reine Freude.
Sie können nicht
den Klängen der Trompeten widerstehen,
ihre Masken gewordenen Menschen,
lächelnd in leuchtenden Kostümen.
Und alle folgen den Tanzenden.

Ich konnte sie endlich sehen,
die großen bizarr geformten Steine,
bedeckt von mumifiziertem Moos.
Ruhten da Gesichter auf ihnen?
Die viel zu langen Flechten,
die an den steilen Felsen herabhingen;
konnte endlich sehen,
wie die Schatten
an den Abhängen der Berge wechselten.
Und es waren keine anderen als
Eukalyptusbäume,
deren Blätter da raschelten.
Inmitten all dessen stand ich
und beschloss zu bleiben.

Dann irgendwann
war das Land mir nah,
ohne dass Du mir nah sein musstest
in meinen Gedanken.
Gewaltiger waren die Schatten der steilen Felsen,
gewaltiger war der scharfe Wind,
der von den stolzen Bergen
über die Ebene fegte.
Gewaltiger leuchtete das matte Wintergrün,
das karg alles überzog.

Irgendwann dann,
als die Menschen so nah schienen,
viel zu schön und lebendig,
als dass ich glauben konnte,
dass Du mich wollen würdest,
zog ich weiter.
Als ich etwas später
meine Freunde wiedererkannte
in den Menschen hier,
war ich schon längst woanders.

Blicke in der Straße (Lima)

Einer sieht eindringlich,
und Du denkst,
er ist schön,
dieser Blick von ihm,
weißt nicht warum.
Er ist nah
in dieser Stadt,
in dieser Stunde.
Dann gehst Du die Straße.
Ein anderer sieht Dich an,
sieht,
dass Du den Blick vergisst,
der vorher Freude schenkte,
so schnell vergisst.
Sieht,
dass Du vergisst,
dass es sie gibt,
diese Blicke,
so nah,
die Dich an niemanden erinnern.
Wie viele, viele Blicke
sind nicht wie jener?
Wie lange wirst Du gehen müssen,
bis Du wieder in Augen siehst,
so vertraut
und Du weißt nicht, warum?

Gedanken einer aus der Zweiten in der Dritten Welt

Wandelnd zwischen zwei Welten,
wandelnd zwischen Arm und Reich,
weiß ich nicht,
wem ich näher bin.

Ich gehe in die Straßen der Reichen.
Dort ist es sicherer für eine Gringa.
Doch ich fühle mich fremd,
weiß nicht, warum.
Könnte ich haben, was sie haben?
Mit ihrer Art zu leben,
weisen sie mich aus ihren Kreisen.
Ich trage die gleiche Kleidung wie sie
und fühle doch,
wie sie darunter sehen,
woher ich komme.
In meinen Gedanken
werden sie immer mehr haben als ich.
Sich als etwas Besonderes fühlend,
würdigen sie nur wenige eines Blickes.
Sie lächeln nicht.
Ich werde sie wohl nicht verstehen.

Nicht arm,
nein, nicht arm
gehe ich durch die ärmeren Viertel,
dort, wo ich nicht weiß,
wo sie ihr Wasser hernehmen.
Sie haben weniger als ich.
Sie leben einfach, sehr einfach.
Und doch hatte ich mir ihre Armut
anders vorgestellt,
schlimmer.

In ihrem Sein ist etwas,
das mich erinnert an Vertrautes,
Verlorenes?
Allein, es ist nur ein Fühlen,
kann es nicht benennen.
Sie lächeln mich offen an.
Und mir ist, als könnte ich ihre Welt ein wenig
fühlen,
wenn sie mich nur ansehen,
lächeln.
Es ist dies Lächeln,
das mir kaum zuvor begegnet war.
Wie Sonnenstrahlen
dringt es tiefer.
Es war,
als wenn es um etwas Großes, Gutes wusste.
Und es schenkte mir Ruhe, dies Lächeln,
auch Freude,
so viel, dass es mir Tränen in die Augen trieb,
ich nichts anderes mehr wollte,
als hier sein und weinen.

Und ich wusste, mein Lächeln war anders –
vielleicht wie eine kalte Wand,
leblos.
Produkt meiner Gedanken, die fast nichts kennen
als mich und meine Wünsche.
Ihres ist unendlich lebendig,
warm
in einer fremden Welt,
die ich mehr fühlen kann,
als in sie gehören.
Und ich weiß,
diese fremde Welt ist gut.

Und in meinen Gedanken haben auch sie mehr
als ich.
Und ich konnte ihm so schlecht widerstehen,
diesem Lächeln,
irgendwo aus dem Energiepol des Seins.

Du sahst mich an,
und Funken sprangen aus Deinen schwarzen
Augen.
Dein Lächeln schien mich zu meinen.
Was sahst Du in mir?
Europa, Deutschland?
Welches Europa, welches Deutschland?

Du bist arm, warst nicht lange in der Schule,
konntest nicht, was die konnten,
die ich immer wollte.
Du warst nichts.
Ich dachte, wie ich es immer tat,
dachte, dass ich Dich nicht will;
dachte so lange,
bis ich verwirrt war und traurig,
und weinen musste.

Und als ich genug gedacht hatte
und geweint,
rief ich Dich an,
um Dir zu sagen,
dass Du kommen sollst.
Und es war,
als sagte ich Dir,
dass ich bleiben möchte,
endlich bleiben,
hier.

Der Sog

Du hörst von etwas,
eine Nachricht.
Vielleicht bringen sie es im Radio.
Es ist Dir fremd,
das Handeln bestimmter Menschen.
Du machst Dir Gedanken,
nicht viele.
Wieder hörst Du darüber,
oder Du liest davon in der Zeitung.

Irgendwann kaufst Du Dir eine Schallplatte,
Musik aus einer anderen Welt.
Es ist die Welt,
über die Du schon manches Mal
in den Nachrichten gehört hast.
Aber Du bringst das nicht miteinander in Verbindung.
Die Musik ist schön.
Einen Song hörst Du besonders gerne,
immer wieder hörst Du ihn.
In ihm ist so etwas, was Kraft gibt,
Stärke, Entschlossenheit.
Vielleicht ist es das?
Vielleicht ist es, was Dir fehlt?

Eines Tages reist Du dorthin,
wo sie diesen Song gesungen,
den Du so oft gehört,
und die anderen Lieder.
Du bist neugierig auf das Land.
Und findest zuerst nichts von dieser Mystik,
diesem Bild,
findest nicht,
was Du glaubtest,
in den Liedern zu spüren.

Erst viel später,
nachdem Du schon lange dort,
erschließt sich Dir eine Welt,
eine Welt,
in die diese Lieder gehören
und Deine alten Gedanken nicht mehr passen.
Wie fern ist dies,
was Du nun siehst, erahnst,
von dem,
was einst Dein Denken war
über ein Land wie dieses,
über die Welt?

Wie es schmerzt
das furchtbar offene Lachen
des alten Mannes aus der Mine.
Energetisch, metallern.
Sein Gesicht von eigenartiger Farbe –
silbern, grau?

Wie sie wärmt, diese Solidarität.
Wie sie Dich lebendig machen,
diese Blicke
aus viel zu dunklen Augen.

Und nun beginnt es gefährlich zu werden.
Du darfst nicht noch mehr fühlen wollen
von dieser Welt,
darfst nicht wieder diese Musik hören,
nicht in die Augen derer sehen,
die sie gemacht haben,
nicht lesen, was sie sagen,
darfst nichts mehr von alledem zu Dir lassen.

Aber zu spät –
dieses tiefe Gefühl –
was sie tun ist gut,
ein Gefühl,
dass Du kaum kanntest,
kann Dir niemand mehr nehmen.
Und Du kannst nicht mehr leben,
als würdest Du es nicht kennen.

Du traust diesem Fühlen,
obwohl Du weißt,
dass es Dich oft getäuscht hat.
Und es ist nicht,
weil Du schwach bist,
Dich leicht beeinflussen lässt.
Es ist, weil Du spüren kannst,
dass sie gut
und voll tiefem, lebendigen Sinn ist,
die Welt,
die Du in den Augen der Menschen gesehen.

Und weißt Du,
es ist gefährlich,
weil diese Welt erkämpft werden will.
Du weißt nicht wirklich,
für was Du kämpfst,
weißt nicht, was sein wird,
solltest Du mit den anderen gewinnen,
weißt nicht,
wann Du wieder Boden unter den Füßen haben
wirst,
ob überhaupt nochmal
in dieser Welt.

Fausto

Du warst sie alle.
Alle schienen in Dir,
alle, die ich traf und wollte,
dort an diesem wunderbaren Strand.
Du hattest die vertraute Stimme.
Du sahst mich liebevoll an
aus der Tiefe Deines Herzens.
Dieser Blick meinte mich,
und war es nur für den Augenblick.

Du warst sie alle
und doch keiner von ihnen.

Ich möchte Dich
und auch wieder nicht,
wusste nie, was ich wollte.
Und ich möchte sie nicht vergessen,
die anderen,
möchte nicht die Bilder vergessen,
die sie in mir hinterlassen haben.

Ich kenne Dich nicht.
Alles ging viel zu schnell.
Ich sage Dir am Telefon,
dass Du nicht kommen sollst.
Du antwortest mit vertrauter Stimme.
Es macht mich traurig.
Doch erst als Du auflegst,
frage ich mich,
warum ich wollte,
dass Du nicht kommst.

Die nicht gelebte Liebe

Und sie gehen ihn noch einmal,
den Weg am Pazifik entlang,
auf den Bahnschienen,
auf denen längst schon kein Zug mehr fährt.
Sie gehen ihn wie Komplizen,
jeder für sich,
und doch zusammen,
nah,
gehen schweigend,
als würden sie sich lange schon kennen.

Dann sitzen sie wieder irgendwo,
reden so daher.
Sie möchten noch länger
einfach so sitzen bleiben.
Vor ihnen geht die Sonne unter,
wie in einem Film.
Und einer mahnt zum Aufbruch –
es wird schon kühl.
Kaum merklich war es Herbst geworden.

Wie war es,
als sie den Weg zum ersten Mal gingen
dort auf den alten Schienen,
vorbei an blühenden Wiesen,
barfuß, wie die anderen?
Hochsommer,
der Strand voller Leute.
Und sie wie in einem Rausch,
mit Fülle im Herzen und leuchtenden Augen,
nicht wissend, was mit ihnen geschah.
Warum sollten sie so viel Glück verdienen?
Das pure Leben,
mit ihnen, in ihnen.

Zwei, die sich mögen,
auf seltsame Weise.
Es war,
als hätten sie sich lange schon gesucht,
als wären sie lange schon wartend,
dass es Sommer werden würde in ihren Herzen,
endlich Sommer.

Und sie hatten keine Verpflichtungen.
Es gab nichts zu tun.
Es war nichts als Sommer
und sie beide
sich ganz nah, immer wieder.

Keine Ahnung,
warum sie am Ende nicht glücklich sein wollten.

Nun ist niemand mehr am Strand,
niemand mit ihnen auf dem Weg.
Sie gehen vorbei an trockenen Sträuchern
und welken Blumen.

Es war Sommer.
Und beide wissen, mit einem Schmerz im Herzen,
die Liebe war bei ihnen.
Zum Greifen nah
war sie da bis in den Herbst.

Viel später noch
brennen Tränen ihr in den Augen,
als wäre es das Salz des Pazifik.

Schwester

Weißt Du,
ich bin hierhergekommen,
Dich zu treffen,
Dir zuzusehen Tag für Tag,
die wenige Zeit, die ich bleibe.
Ich fliege zurück
ans andere Ende der Welt,
wo die Gedanken tauschen
und ich vergesse.
Aber tief in meinem Herzen
werde ich immer wissen,
dass es Dich gibt.

Du in Wirklichkeit oder sie in Gedanken?

Du
und diese Welt.
Diese Welt und leiden?
Diese Welt und leben,
in dieser Welt?

Sie, denken an sie.
Und der Himmel öffnet sich,
und ich möchte fortschweben.
Wenn ich an sie denke,
ist alles seltsam schön.
Abgehoben bin ich,
sehe verträumt auf die Dinge um mich –
so schön waren sie noch nie?.
Aber sind sie noch wirklich?
Und ich leide nicht,
kann wieder atmen,
wenn ich nur an sie denke.
Aber ich habe den Boden unter den Füßen verloren,
bin nicht mehr in der Welt, die ich kannte,
bin nicht mehr ganz in dieser Welt?.

Doch in dieser Welt bist Du,
und Du fragst nach mir.
Und ich wollte Dir mal überallhin folgen.
Aber wenn ich an sie denke,
bist Du so weit,
und ich verliere mich in der Schönheit um mich,
möchte die Welt sehen,
wie ich sie sehe durch sie.
Aber das ist nicht die Welt,
die reale Welt,
in der ich leben kann?
Oder doch,
nur war sie noch nie so schön?

Und bald kann ich nicht mehr aufhören,
an sie zu denken,
dabei weiß ich viel weniger von ihr als von Dir.
Ich weiß nichts von ihr?.

Und wieder Virginia

Dort, in Chiles Süden,
in dieser Schönheit, war ich so befreit,
etwas nah, ganz tief in dieser Welt.
Gott nah …
und Dir nah,
so nah, wie Du lange nicht bei mir warst.
Bin ich dort, ist es,
als wäre ich tief mit der Welt verbunden,
als wäre die Zeit stehen geblieben.
Und ich fühle eine tiefe Ruhe,
als wäre ich nach Hause gekommen.
Und dort, wo ich Gott und dem Ursprung
und irgendeinem Wissen von uralten Zeiten so
nah bin,
fühle ich auch Dich tief und rein,
solange ich dort bin.
Niemand ist mir näher.
Und irgendwann erscheint mir nichts wichtiger,
als Dich wiederzusehen,
keine Sehnsucht erscheint größer.

Dann komme ich zurück in diese Stadt,
in der Du lebst,
und jetzt auch ich, eine zeitlang.
Doch ich habe Dich wieder verloren,
auch wenn die Sehnsucht noch da ist.
In Wirklichkeit weiß ich nicht viel von Dir,
von Deinem Leben in dieser Stadt
so lange schon.

Es war nur einmal,
als sähe ich in Deine Seele und
erblicke etwas tief Vertrautes.
Es war das Ahnen einer anderen Welt;
es war nicht von dieser Welt.
Im Glauben daran hätte ich sterben können.

Du fragtest mich das letzte Mal,
wie lange ich diesmal bleiben werde.
Hätte ich sagen sollen, für immer?
Du hast Deine Aufgaben und ich meine
in dieser Welt.
Du erinnerst mich an die meinen stärker als
jemand sonst.
Du erinnerst mich an längst vergessene Träume,
an etwas,
was ich einmal erstrebte,
als ich weniger gebrochen war.
Ich sehe es ganz klar,
möchte noch einmal neu damit beginnen,
wie ich es damals nicht getan habe.

Ich weiß, dass es Dich dort gibt in dieser Stadt,
auch wenn ich nicht immer an Dich denke.

Vielleicht werden wir uns einmal wiedersehen.

Ausgelöscht
(Gedanken an die Feuerlandindianer)

In einer anderen Zeit
gehe ich Eure Wege.
Es ist Herbst,
wie es ihn schon damals gegeben haben muss,
wie es ihn immer gab.
Wie habt Ihr es erlebt?
Es ist vorbei,
es gibt Euch nicht mehr.
Dabei ist es garnicht so unendlich lange her,
als Ihr dort in den Wäldern lebtet.
Ich bin heute dort und empfinde es wie ein
Paradies.
In allem liegt Ruhe, und Wissen, und Ewigkeit,
vor allem Ewigkeit.
Wie habt Ihr es empfunden?
Ich sehe auf ein Foto mit Euch.
Es ist aus einer anderen Welt,
doch seltsam vertraut.
Es schmerzt mich,
und ich verliere mich im Nirgendwo.
Vorbei,
Ihr hattet Eure Zeit,
wir haben unsere.
Und niemals werden wir wissen,
um was Ihr wusstet.
Ich sehe Euch noch einmal in die Augen auf
diesem Foto,
so vertraut,
und doch so unendlich weit von allem, was heute ist.

Was war das nur für eine Welt damals?
Ich sinne und alles, was tatsächlich wirklich,
entfernt sich von mir.
Ich lasse es,
und alleine wichtig wird, was längst nicht mehr
greifbar.
Und dann sehne ich mich nach Ewigkeit,
möchte zurück,
wieder einfließen in irgendeine Urmaterie,
wieder wissen um alles, mich vereinen mit allem.
Doch ich muss zurück,
wieder real werden. Aber welche Realität, was ist
wichtig?
Ich lasse mich nicht weiter fallen und darauf ein.
Wohin würde das führen? Wer würde mich
zurückholen?
Ich bin so feige.
Vor was habe ich Angst?

Die Autorin

Karin Greve erblickte 1969 in Rostock das Licht
der Welt. Dort ging sie zur Schule und absolvierte
eine Ausbildung zur Krankenschwester. Später
schloss sie auch ein Studium der Soziologie und
dann noch eines der Gesundheitswissenschaften
ab. Inzwischen ist sie jedoch in ihren alten Beruf
zurückgekehrt. Ihr Interesse für fremde Kulturen
führte sie auf viele Reisen. Vor allem längere
Aufenthalte in Lateinamerika hatten nachhaltige
Eindrücke hinterlassen.

novum VERLAG FÜR NEUAUTOREN

Der Verlag

> *Wer aufhört*
> *besser zu werden,*
> *hat aufgehört*
> *gut zu sein!*

Basierend auf diesem Motto ist es dem novum Verlag ein Anliegen neue Manuskripte aufzuspüren, zu veröffentlichen und deren Autoren langfristig zu fördern. Mittlerweile gilt der 1997 gegründete und mehrfach prämierte Verlag als Spezialist für Neuautoren in Deutschland, Österreich und der Schweiz.

Für jedes neue Manuskript wird innerhalb weniger Wochen eine kostenfreie, unverbindliche Lektorats-Prüfung erstellt.

Weitere Informationen zum Verlag und seinen Büchern finden Sie im Internet unter:

www.novumverlag.com

FSC
www.fsc.org

MIX

Papier | Fördert
gute Waldnutzung

FSC® C083411

Zeitfracht Medien GmbH
Ferdinand-Jühlke-Straße 7
99095 Erfurt, Deutschland
produktsicherheit@kolibri360.de